Impressum
Verlag: BABADADA GmbH, Nedderfeld 112 , 22529 Hamburg
Geschäftsführer / Verlagsleitung: Harald Hof
Druck: Books on Demand GmbH, In de Tarpen 42, 22848 Norderstedt

Imprint
Publisher: BABADADA GmbH, Nedderfeld 112 , 22529 Hamburg, Germany
Managing Director / Publishing direction: Harald Hof
Print: Books on Demand GmbH, In de Tarpen 42, 22848 Norderstedt, Germany

школа

ትምህርት ቤት

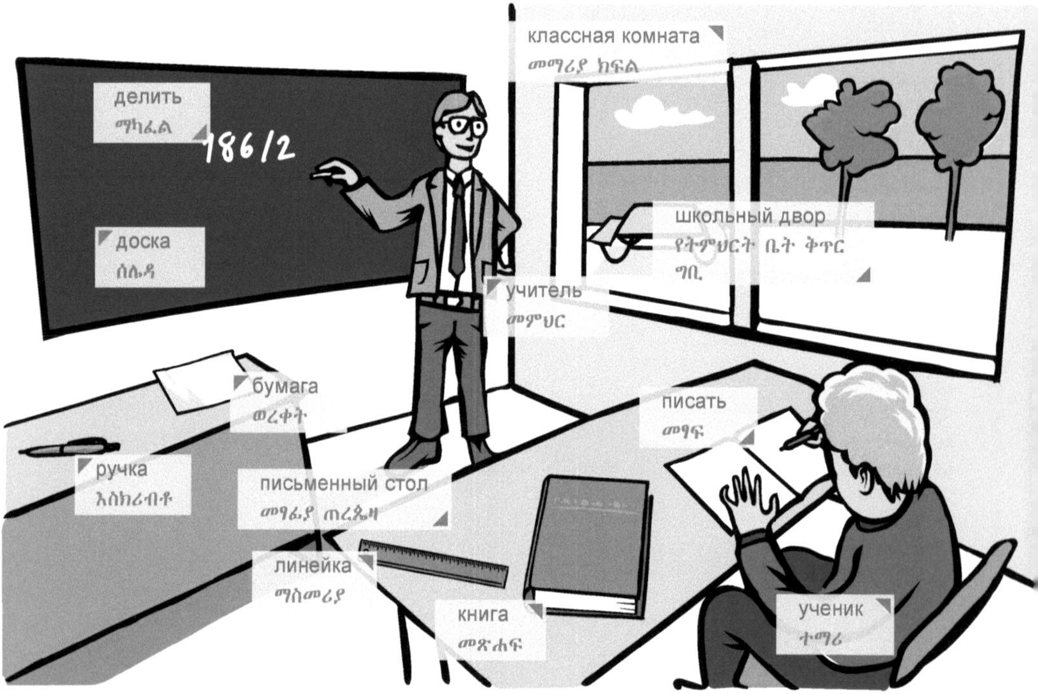
классная комната
መማሪያ ክፍል
делить
ማካፈል
186/2
доска
ሰሌዳ
школьный двор
የትምህርት ቤት ቅጥር ግቢ
учитель
መምህር
бумага
ወረቀት
писать
መፃፍ
ручка
እስክሪብቶ
письменный стол
መፃፊያ ጠረጴዛ
линейка
ማስመሪያ
книга
መጽሐፍ
ученик
ተማሪ

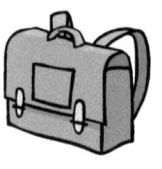

ранец

የጀርባ ቦርሳ

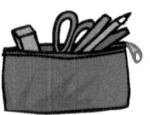

пенал

የእርሳስ መያዣ

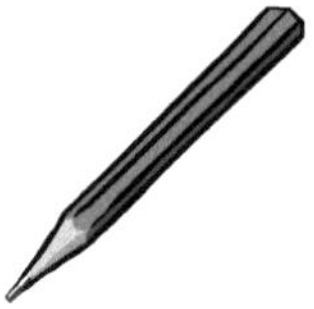

карандаш

እርሳስ

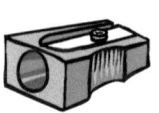

точилка

የእርሳስ መቅረጫ

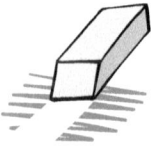

ластик

ላጲስ

альбом для рисования

የስዕል ደብተር

рисунок

ስዕል

кисточка

የቀለም ብሩሽ

коробка красок

የቀለም ሳጥን

ножницы

መቀስ

клей

ማጣበቂያ

тетрадь

መልመጃ ደብተር

домашняя работа

የቤት ስራ

12

цифра

ቁጥር

2+2

прибавлять

መደመር

5-2

вычитать

መቀነስ

2×2

умножать

ማባዛት

считать

ቁጥሮችን ማስላት

A

буква

ደብዳቤ

**ABCDEFG
HIJKLMN
OPQRSTU
VWXYZ**

алфавит

ፊደላት

слово

ቃል

текст

ፅሑፍ

читать

ማንበብ

мел

ጠመኔ

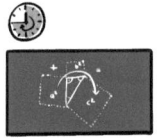

урок

ትምህርት

классный журнал

ምዝገባ

экзамен

ፈተና

диплом

ሰርተፊኬት

школьная форма

የትምህርት ቤት የደንብ ልብስ

образование

ትምህርт

энциклопедия

አዉደ ጥበብ

университет

ዩኒቨርስቲ

микроскоп

የምርምር አጉሊ መሳርያ

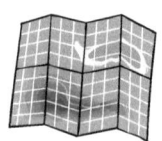

карта

ካርታ

корзина для бумаг

የቆሻሻ ወረቀት መጣያ ቅርጫት

гостиница
ሆቴል

Grand

турбаза
ማረፊያ ቤት

ROOMS

пункт обмена валюты
የዉጭ ገንዘብ ምንዛሪ ቢሮ

EXCHANGE

чемодан
ልብስ መያዣ
ሻንጣ

автомобиль
መኪና

язык

ቋንቋ

да / нет

አዎ/ አይደለም

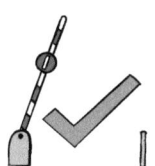

хорошо

እሺ

Привет

ሰላም

переводчик

አስተርጓሚ

Спасибо

አመሰግናለሁ

Сколько стоит...?

ስንት ነዉ.......?

Я не понимаю

አልገባኝም

проблема

እክል

Добрый вечер!

እንደምን አመሹ!

Доброе утро!

እንደምን አደሩ!

Доброй ночи!

መልካም ምሽት!

До свидания

ደህና ይሰንብቱ

направление

አቅጣጫ

багаж

ሻንጣ

сумка

ቦርሳ

рюкзак

የጀርባ ቦርሳ

гость

እንግዳ

комната

ክፍል

спальный мешок

የመተኛ ቦርሳ

палатка

ድንኳን

туристическая информация

የጉብኚዎች መረጃ

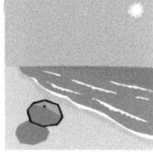

пляж

የባህር ዳርቻ

кредитная карточка

ክሬዲት ካርድ

завтрак

ቁርስ

обед

ምሳ

ужин

እራት

билет

ቲኬት

лифт

አሳንሰር

почтовая марка

ማህተም

граница

ድንበር

таможня

ባህሎች

посольство

ኤምባሲ

виза

ቪዛ/የይለፍ መረቀት

паспорт

ፓስፖርት

транспорт

መጓጓዣ

самолёт
አዉሮፕላን

корабль
መርከብ

пожарный автомобиль
የእሳት አደጋ መኪና

автобус
አዉቶብስ

грузовик
የጭነት መኪና

моторная лодка
የሞተር ጀልባ

велосипед
ብስክሌት

автомобиль
መኪና

паром

የማመላለሻ ጀልባ

лодка

ጀልባ

мотоцикл

የሞተር ብስክሌት

полицейский автомобиль

የፖሊስ መኪና

гоночный автомобиль

የዉድድር መኪና

арендованный
автомобиль
የኪራይ መኪና

совместное пользование
автомобилями
የመኪና መጋራት

буксировочный
автомобиль
ጎታች መኪና

мусоровоз
የቆሻሻ ሹንት መኪና

двигатель
ሞተር

топливо
ነዳጅ

заправка
የቤንዚን ማደያ

дорожный знак
የመንገድ ምልክት

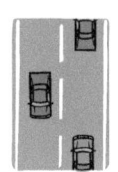

движение
የመኪኖች እንቅስቃሴ

пробка
የመኪና መጨናነቅ

автостоянка
የመኪና ማቆሚያ

вокзал
የባቡር ጣቢያ

рельсы
የባቡር ሀዲዶች

поезд
ባቡር

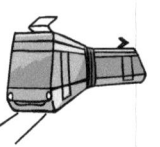

трамвай
የኤሌክትሪክ ባቡር

вагон
ሰረገላ

вертолёт

ሄሊኮፕተር

аэропорт

አየር ማረፊያ

вышка

ማማ

пассажир

መንገደኛ

контейнер

ማስቀመጫ፣ ማጠራቀሚያ

коробка

ካርቶን እቃ ማሸጊያ

тележка

ጋሪ፣ ተሳቢ

корзина

ቅርጫት

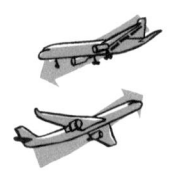

взлетать / приземляться

መነሳት/ ማረፍ

город

ከተማ

деревня

መንደር

центр города

የከተማ ማዕከል

дом

ቤት

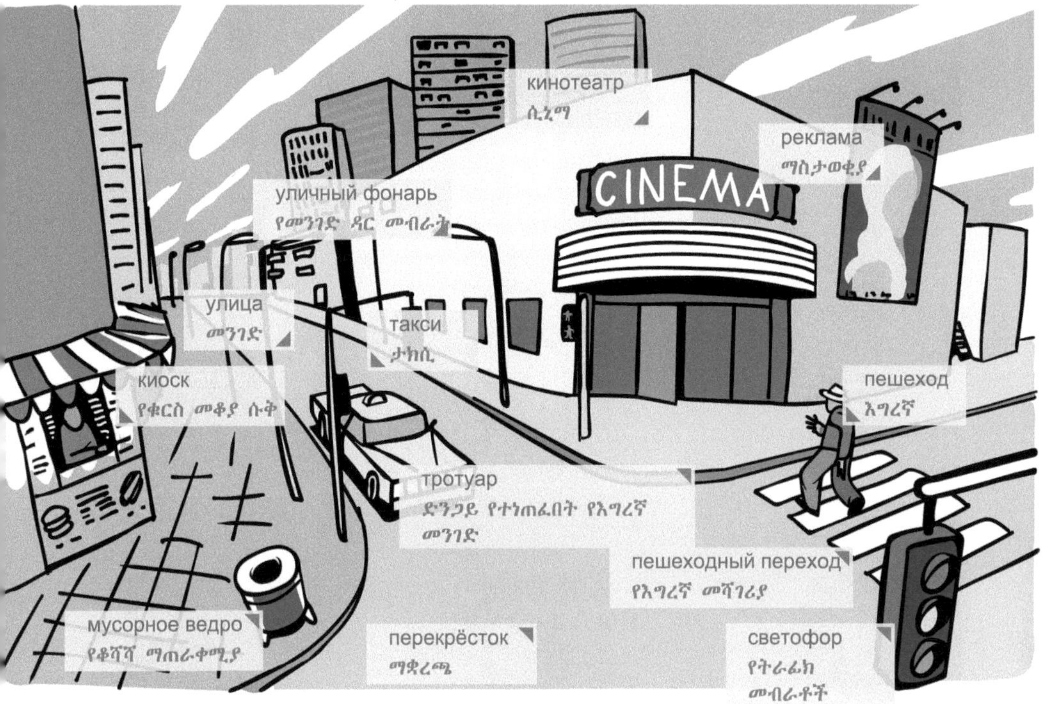

кинотеатр
ሲኒማ

реклама
ማስታወቂያ

уличный фонарь
የመንገድ ዳር መብራት

CINEMA

улица
መንገድ

такси
ታክሲ

пешеход
እግረኛ

киоск
የቁርስ መቆያ ሱቅ

тротуар
ድንጋይ የተነጠፈበት የእግረኛ
መንገድ

пешеходный переход
የእግረኛ መሻገሪያ

мусорное ведро
የቆሻሻ ማጠራቀሚያ

перекрёсток
ማቋረጫ

светофор
የትራፊክ
መብራቶች

хижина

ጎጆ

квартира

አፓርታማ

вокзал

የባቡር ጣቢያ

ратуша

የከተማ አዳራሽ

музей

ቤተ መዘክር

школа

ትምህርት ቤት

университет

ዩኒቨርስቲ

банк

ባንክ

больница

ሆስፒታል

гостиница

ሆቴል

аптека

መድሐኒት ቤት

офис

ቢሮ

книжный магазин

መፅሐፍ መሸጫ

магазин

ሱቅ

цветочный магазин

የአበባ መሸጫ

супермаркет

የሸቀጣ ሸቀጥ መደብር

рынок

ገበያ ስፍራ

универмаг

መደብር

торговец рыбой

የዓሳ ነጋዴ

торговый центр

የገበያ ማዕከል

порт

ወደብ

парк

ናፈሻ ቦታ

скамейка

ግዳሚ ወንበር

мост

ል ይ

лестница

ደረጃዎች

метро

ዉስጥ ለዉስጥ

тоннель

ዋሻ

автобусная остановка

የ ዉቶቡስ ፌርማታ

бар

ባር

ресторан

ምግብ ቤት

почтовый ящик

የ ስታ ሳጥን

табличка с названием
улицы

የ ንገ ምልክት

паркометр

የ ኪና ማቆሚያ ሒሳብ የሚያሰላ
ማሽን

зоопарк

የደር እንስሳት ማቆያ

бассейн

የ ዋኛ ገንዳ

мечеть

ስጊ

ферма

እርሻ

загрязнение окружающей среды

የሚበክል ነገር

кладбище

መቃብር ስፍራ

церковь

ቤተ ክርስቲያን

детская площадка

መጫወቻ ሚዳ

храм

ቤተ መቅደስ

ландшафт

መልከዓምድር

лист
ቅጠል

дорожный указатель
የመንገድ ላይ ምልክት

дорога
መንገድ

луг
አረንጓዴ መስክ

камень
ድንጋይ

дерево
ዛፍ

путешественник
በእግሩ የሚንዝ

река
ወንዝ

трава
ሳር

цветок
አበባ

долина

ሸለቆ

гора

ኮረብታ

озеро

ይቅ

лес

ካ

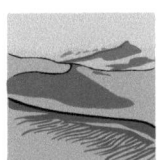

пустыня

በረሃ

вулкан

እሳተ ገሞራ

замок

ግምብ

радуга

ቀስተ ዳመና

гриб

እንጉዳይ

пальма

የቴምብር ዛፍ/ ዘንባባ

комар

ቢንቢ/ የወባ ትንኝ

муха

በራሪ

муравей

ጉንዳን

пчела

ንብ

паук

ሸረሪት

ландшафт - መልከዓምድር 15

жук

ጢንዚዛ

лягушка

እንቁራሪት

белка

ሽኮኮ

еж

ጃርት

заяц

ጥንቸል

сова

ጉጉት ወፍ

птица

ወፍ

лебедь

የዉሃ ዶክዬ

кабан

ከርከሮ

олень

አጋዘን

лось

አጋዘን

плотина

ግድብ

ветряной генератор

በነፋስ የሚሽከረከር

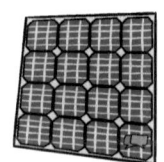

солнечная батарея

የፀሀይ ፓኔሎ

климат

አየር ንብረት

официант
አስተናጋጅ

меню
ማዉጫ

стул
ወንበር

суп
ሾርባ

пицца
ፒሃ

столовые приборы
መክተፊያ

скатерть
የጠረዼዛ ጨርቅ

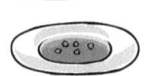

закуска

የምግብ ፍላጎትን የሚከፍት
ምግብ

главное блюдо

ዋና ምግብ

десерт

ማጣጣሚያ ተከታይ ምግብ

напитки

መጠጦች

еда

ምግብ

бутылка

ጠርሙስ

фастфуд

ፈጣን ምግብ

уличная еда

የመንገድ ምግብ

чайник

የሻይ ማንቆርቆሪያ

сахарница

የ ኳር እቃ

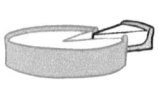

порция

ድርሻ

кофеварка

የቡና ማፈያ ማሽን

детский стульчик

ባለጌ ወንበር

счет

የክፍያ ደረሰኝ

поднос

ትሪ

нож

ቢላዋ

вилка

ሹካ

ложка

ማንኪያ

чайная ложка

የሻይ ማንኪያ

салфетка

ልብ   ምግብ እንዳይነካ የሚረጋ
ጨርቅ

стакан

ብርጭቆ

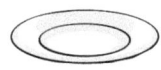

тарелка

ዝርግ ሰሀን

суповая тарелка

የሾርባ ጎድጓዳ ሰሀን

блюдце

የስኒ ማስቀመጫ

соус

ማጣፈጫ ስጎ

солонка

የጨዉ እቃ

мельница для перца

የተፈጨ ቃሪያ

уксус

ኮምጣጤ

масло

የምግብ ዘይት

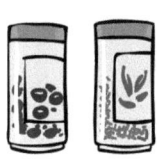

специи

ቀመማ ቅመሞች

кетчуп

የቲማቲም ድልህ

горчица

ሰናፍጭ

майонез

ማዮኔዝ

супермаркет

የሸቀጣ ሸቀጥ መደብር

специальное предложение
ልዩ አቅራቦት
FOR
покупатель
ደምበኛ
молочные продукты
የወተት ተዋፅዖ
фрукты
ፍራፍሬ
тележка для покупок
ባለ ጎማ የእጅ ጋሪ

BUTCHERS

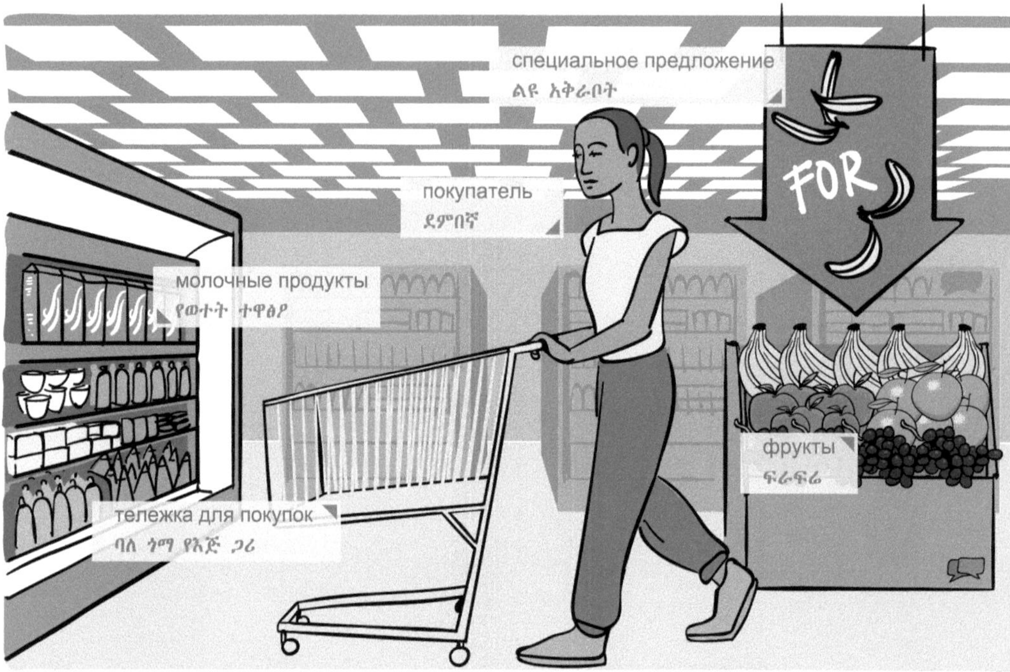

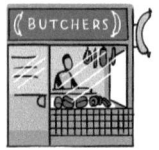

мясной магазин

ሉካንዳ ነጋዴ

BAKERY

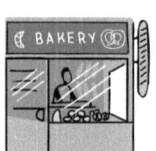

пекарня

መጋገርያ

взвешивать

ክብደት መመዘን

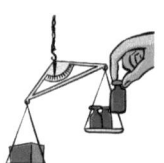

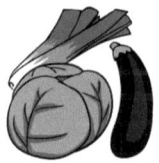

овощи

ቅጠላ ቅጠል አትክልት

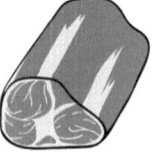

мясо

ስጋ

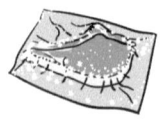

быстрозамороженные продукты

የቀዘቀዘ/የረጋ ምግብ

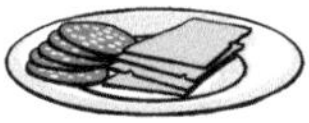

нарезка

....

ቀዝቃዛ ቁራጭ

консервы

....

የታሸገ ምግብ

стиральный порошок

....

የማጠቢያ ዱቄት

сладости

....

ጣፋጮች

предмет домашнего обихода

....

የቤት ዉስጥ ዉጤቶች

моющее средство

....

የፅዳት ምርቶች

продавщица

....

የሽያጭ ባለሙያ

касса

....

የገንዘብ መመዝቢያ ማሽን

кассир

....

የሒሳብ ሰራተኛ

список покупок

....

የግዢ ዝርዝር

время работы

....

ክፍት ሰዓታት

бумажник

....

የኪስ ቦርሳ

кредитная карточка

....

ክሬዲት ካርድ

сумка

....

ቦርሳ

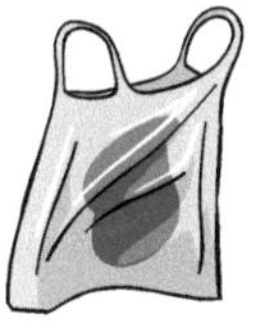

полиэтиленовый пакет

....

የፕላስቲክ ቦርሳ

вода

ውሃ

сок

ሥይማቂ

молоко

ወተት

кока-кола

ኮካ-ኮላ

вино

ወይን

пиво

ቢራ

алкоголь

አልኮል

какао

ኮካ

чай

ሻይ

кофе

ቡና

эспрессо

የተፈላ ቡና

капучино

ካፑቺኖ

банан

መሙዝ

яблоко

ፖም

апельсин

ብርቱካን

арбуз

ሀብሀብ

лимон

ሎሚ

морковь

ካሮት

чеснок

ነጭ ሽንኩርት

бамбук

ሽምበቆ

лук

ቀይ ሽንኩርት

гриб

እንጉዳይ

орехи

ለዉዝ

лапша

የህፃናት ምግብ

спагетти

ፓስታ

рис

ሩዝ

салат

ሰላጣ

картофель фри

የድንች ጥብስ

жареный картофель

ድንች ጥብስ

пицца

ፒዛ

гамбургер

ዳቦ ዉስጥ በስሱ ተጠብሶ የገባ ስጋ

сэндвич

ሳንድዊች

шницель

ጥሬ ስጋ

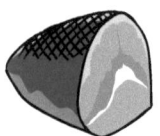

ветчина

የአሳማ ስጋ

салями

በቅመምና በጨዉ የታሸ ምግብ
ቀዝቅዞ የሚበላ ሾርባ ምግብ

колбаса

ቋሊማ

курица

ዶሮ

жаркое

ጥብስ

рыба

አሳ

овсяные хлопья

የአጃ ገንፎ

мюсли

ከወተት ጋር ተደባልቀዉ የሚበሉ ምግቦች

кукурузные хлопья

የበቆሎ ቅሪፈት

мука

ዱቄት

круассан

ኩራሳ

булочка

ድብልብል ዳቦ

хлеб

ዳቦ

тост

መጥበስ

печенье

ብስኩት

масло

ቅቤ

творог

እርጎ

пирог

ኬክ

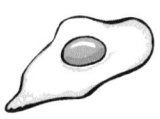

яйцо

እንቁላል

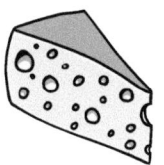

яичница

እንቁላል ጥብስ

сыр

አይብ

мороженое

የበረዶ ክሬም

сахар

ስኳር

мёд

ማር

мармелад

ማርማላት

крем с нугой

የተናጠ የወተት ክሬም

карри

ማጣፈጫ

ферма
እርሻ

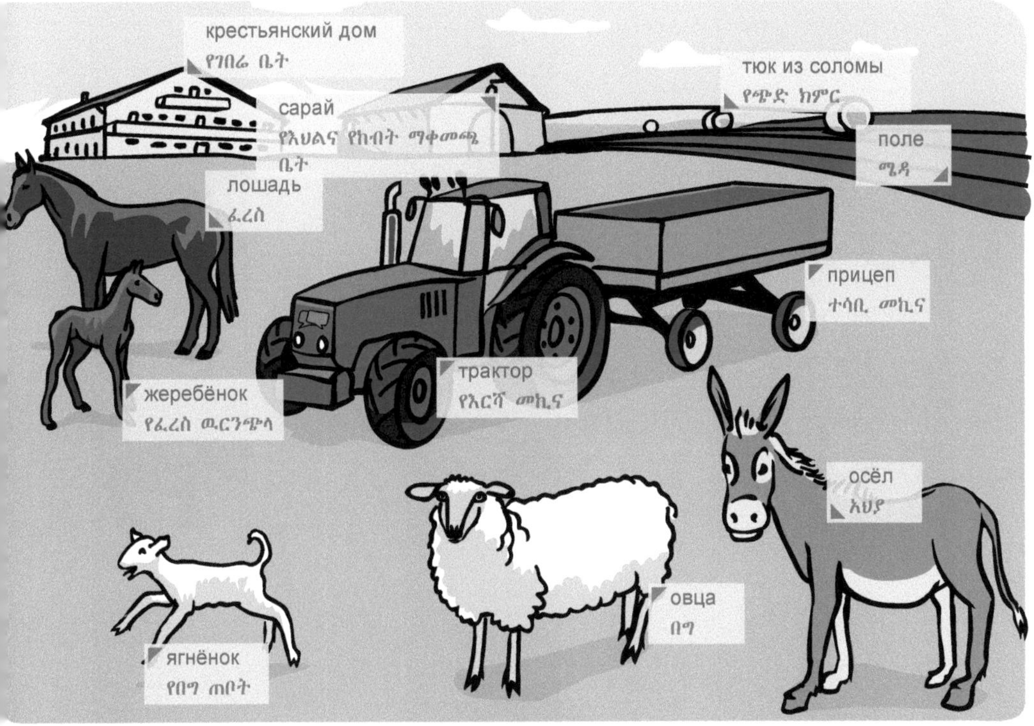

крестьянский дом
የገበሬ ቤት
сарай
የእህልና የከብት ማቀመጫ ቤት
тюк из соломы
የጭድ ክምር
поле
ሜዳ
лошадь
ፈረስ
прицеп
ተሳቢ መኪና
трактор
የእርሻ መኪና
жеребёнок
የፈረስ ዉርንጭላ
осёл
አህያ
овца
በግ
ягнёнок
የበግ ጠቦት

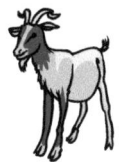

коза

ፍየል

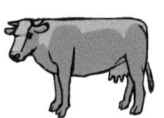

корова

ላም

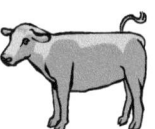

телёнок

ጥጃ

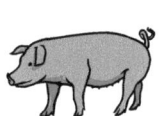

свинья

አሳማ

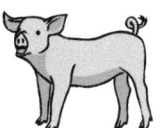

поросёнок

ግልገል አሳማ

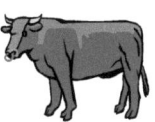

бык

ኮርማ

гусь

ዝይ

утка

ዳክዬ

цыплёнок

የዶሮ ጫጩት

курица

ዶሮ

петух

አውራ ዶሮ

крыса

አይጥ

кошка

ድድመት

мышь

አይጥ

вол

በሬ

собака

ውሻ

конура

የውሻ ቤት

садовый шланг

የአትክልት ቦታ

лейка

ውሃ ማጠጫ ባልዲ

коса

ረጅም ማጭድ

плуг

ማረሻ

серп

ማጭድ

мотыга

መኮትኮቻ

навозные вилы

የእሀል መንሽ

топор

መጥረቢያ

тачка

ኩርኩር/ የእጅ ጋሪ

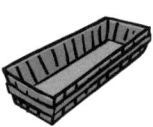

корыто

ገንዳ

бидон для молока

የወተት ዕቃ

мешок

ጆንያ ከረጢት

забор

አጥር

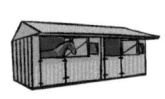

хлев

የፈረስ ጋጣ

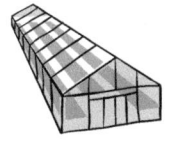

теплица

ዕፅዋት ማሳደጊያ የመስታዉት ቤት

почва

አፈር

посев

ዘር

удобрение

የመሬት ማዳበሪያ

комбайн

ጥምር ማረሻ

собирать урожай

አዝመራ መስብሰብ

урожай

አዝመራ

ямс

ድንች

пшеница

ስንዴ

соя

ሶያ

картофель

ድንች

кукуруза

በቆሎ

рапс

የከብት መኖ

фруктовое дерево

የፍራ ዛፍ

маниок

የካሳቫ ዛፍ

злаки

እህል

30   ферма - እርሻ

дымоход
የጢስ
ማውጫ

крыша
ጣራ

водосточный желоб
አሽንዳ

окно
መስኮት

гараж
ጋራዥ

звонок
የበር ደወል

дверь
በር

мусорное ведро
የቆሻሻ ማጠራቀሚያ

почтовый ящик
ፖስታ ሳጥን

сад
የአትክልት ቦታ

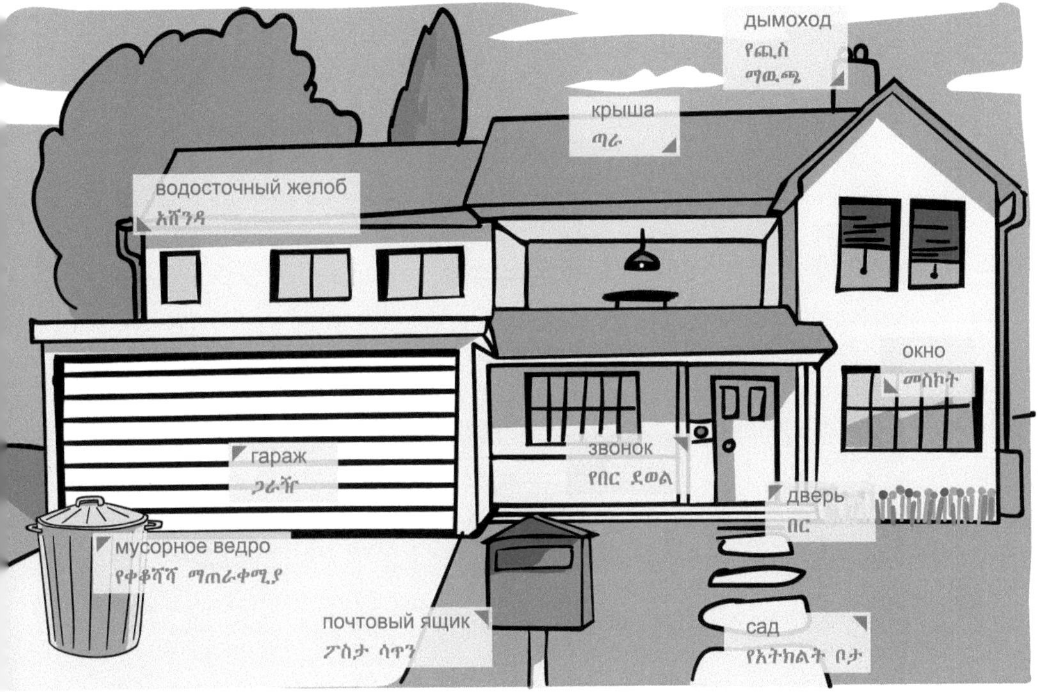

гостиная

ሳሎን

ванная комната

መታጠቢያ ቤት

кухня

ማድቤት

спальня

መኝታ ቤት

детская комната

የልጅ ክፍል

столовая

መመገቢያ ክፍል

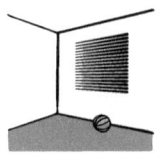

пол

велл

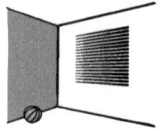

стена

ግድግዳ

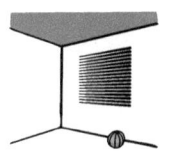

потолок

ጣሪያ

подвал

ምድር ቤት

сауна

በእንፋሎት ሙቀት መታጠቢያ
ቤት

балкон

ሰገነት

терраса

ከፍ ያለ መደብ

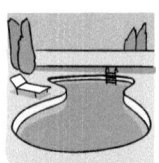

бассейн

የመዋኛ ገንዳ

газонокосилка

የማጨጃ መኪና

пододеяльник

አንሶላ

покрывало

የአልጋ ልብሰ

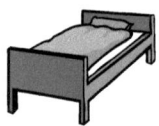

кровать

አልጋ

метла

መጥረጊያ

ведро

ባልዲ

выключатель

ማብሪያና ማጥፊያ

гостиная

ሳሎን

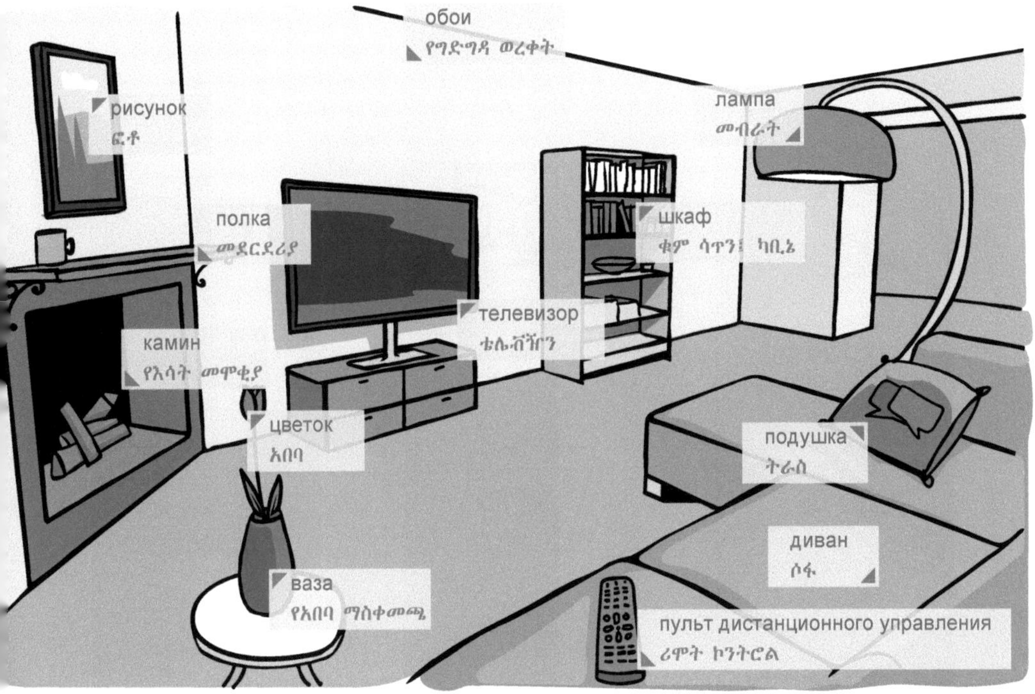
обои
የግድግዳ ወረቀት
рисунок
ፎቶ
лампа
መብራት
полка
መደርደሪያ
шкаф
ቁም ሳጥን፣ ካቢኔ
телевизор
ቴሌቭዥን
камин
የእሳት መሞቂያ
цветок
አበባ
подушка
ትራስ
диван
ሶፋ
ваза
የአበባ ማስቀመጫ
пульт дистанционного управления
ሪሞት ኮንትሮል

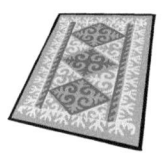

ковёр

ንጣፍ

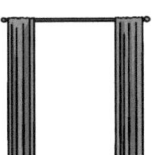

штора

መጋረጃ

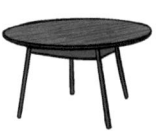

стол

ጠረጴዛ

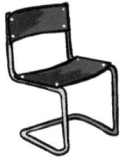

стул

ወንበር

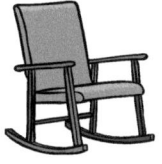

кресло-качалка

ተወዛዋዥ ወንበር

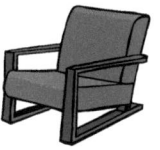

кресло

ባለመደገፊያ ወንበር

книга

መጽሐፍ

покрывало

ብርድ ልብስ

украшение

ጌጥ

дрова

ማገዶ

фильм

ፊልም

стереосистема

የሙዚቃ መጫወቻ

ключ

ቁልፍ

газета

ጋዜጣ

картина

ስዕል

плакат

የተለጠፈ ማስታወቂያ እንደ ስዕል

радио

ራዲዮ

блокнот

ማስታወሻ ደብተር

пылесос

የአየር ማዕዘኛ ለምንጣፍ

кактус

ቁልቁል

свеча

ሻማ

кухня

ማድቤት

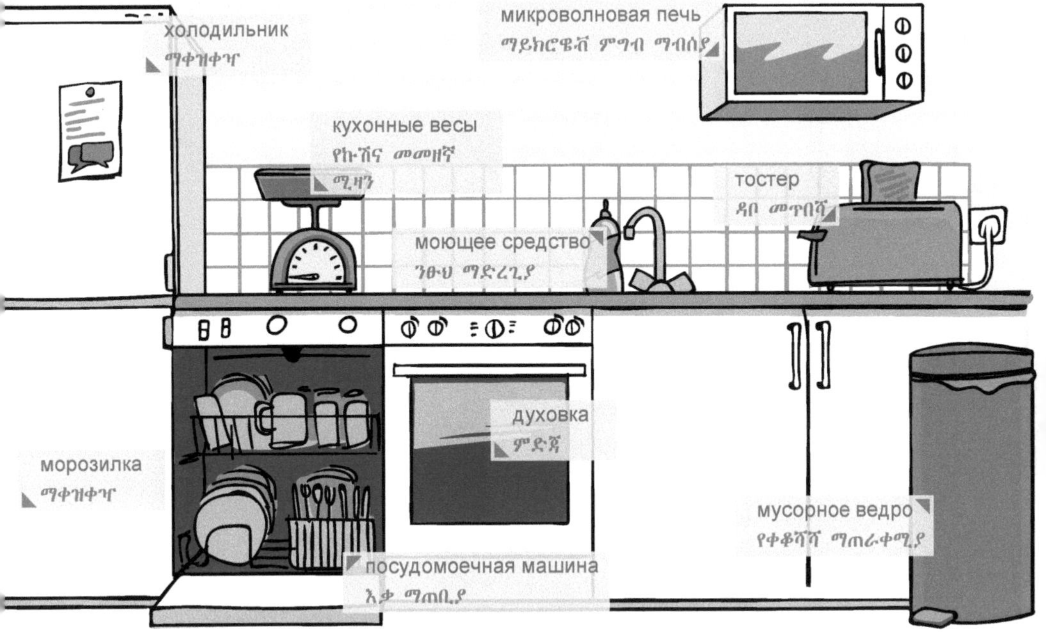

холодильник
ማቀዝቀዣ
микроволновая печь
ማይክሮዌቭ ምግብ ማብሰያ
кухонные весы
የኩሽና መመዘኛ ሚዛን
тостер
ዳቦ መጥበሻ
моющее средство
ንፁህ ማድረጊያ
духовка
ምድጃ
морозилка
ማቀዝቀዣ
мусорное ведро
የቆሻሻ ማጠራቀሚያ
посудомоечная машина
እቃ ማጠቢያ

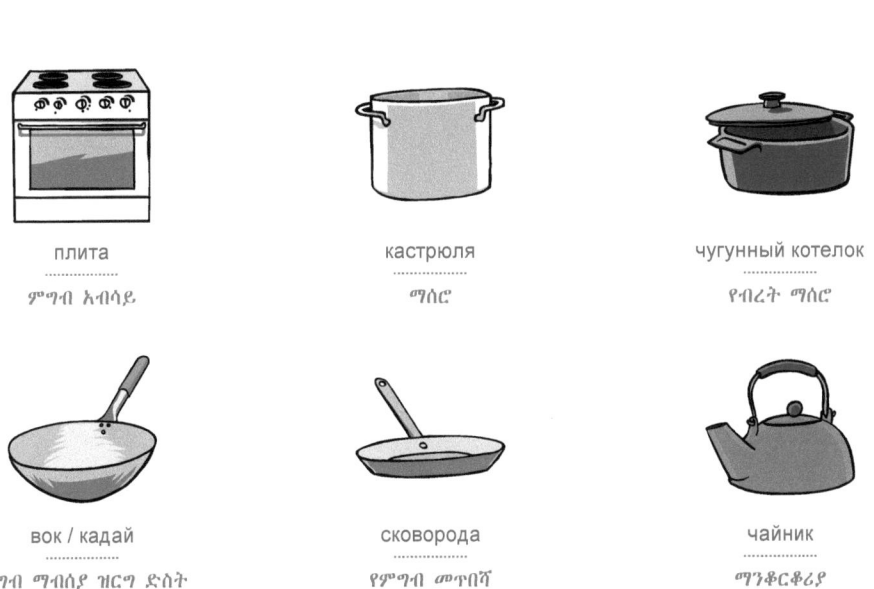

плита

ምግብ አብሳይ

кастрюля

ማሰሮ

чугунный котелок

የብረት ማሰሮ

вок / кадай

ምግብ ማብሰያ ዝርግ ድስት

сковорода

የምግብ መጥበሻ

чайник

ማንቆርቆሪያ

пароварка

የእንፋሎት ማብሰያ

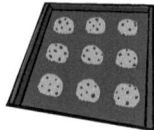

противень

የመጋገሪያ ትሪ

посуда

ሰብሰቦች

кружка

ትልቅ ኩባያ

миска

ጎድጓዳ ሳህን

палочки для еды

ቾፕስቲክስ

половник

ጭልፋ

лопатка

መስቅሰቂያ ዝርግ ማንኪያ

сбивалка

ማደባለቂያ

сито

መወጠሪያ

сито

ወንፊት

тёрка

መፈርፈሪያ መሳሪያ

ступка

ሲሚንቶ

гриль

የፍም ጥብስ

костёр

የተለቀቀ እሳት

доска

መክተፊያ

скалка

ተንሽራታች መርፊ

штопор

የጠርሙስ መክፈቻ

жестяная банка

ጣሳ

консервный нож

የጣሳ መክፈቻ

прихватка

የማሰሮ መሽፈኛ

раковина

ሳህን የሚታ...

щетка

ብሩሽ

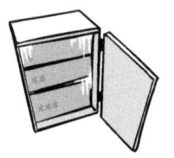

губка

ስፖንጅ

миксер

መደባለቂ... ...ሪያ

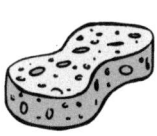

морозильная камера

በጣም ማቀዝቀዣ

бутылочка для кормления

ጡጦ

кран

ቧንቧ

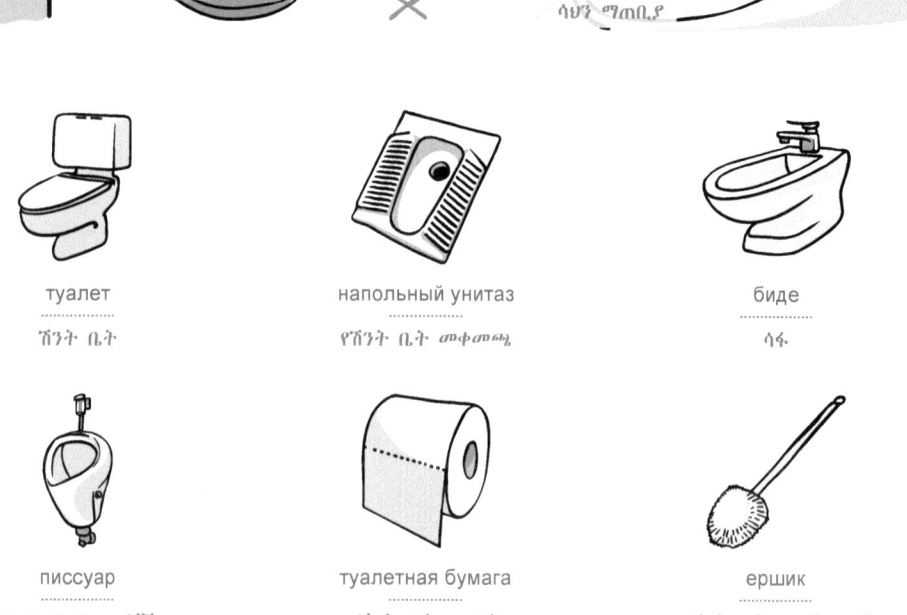

ванная комната

መታጠቢያ ቤት

отопление
ማሞቂያ
полотенце
ፎጣ
душ
መታጠቢያ
душевая занавеска
የመታጠቢያ ቤት መጋረጃ
пенистая ванна
የአረፋ መታጠቢያ
ванна
የመታጠቢያ ገንዳ
стакан
ብርጭቆ
стиральная машина
የልብስ ማጠቢያ
кран
ቧንቧ
плитка
ማዕዘን ወለል
горшок
ፖፖ
раковина
ሳህን ማጠቢያ

туалет

ሽንት ቤት

напольный унитаз

የሽንት ቤት መቀመጫ

биде

ሳፋ

писсуар

የመንገድ ዳር መሽኛ

туалетная бумага

የሽንት ቤት ወረቀት

ершик

የሽንት ቤት ማፅጃ ብሩሽ

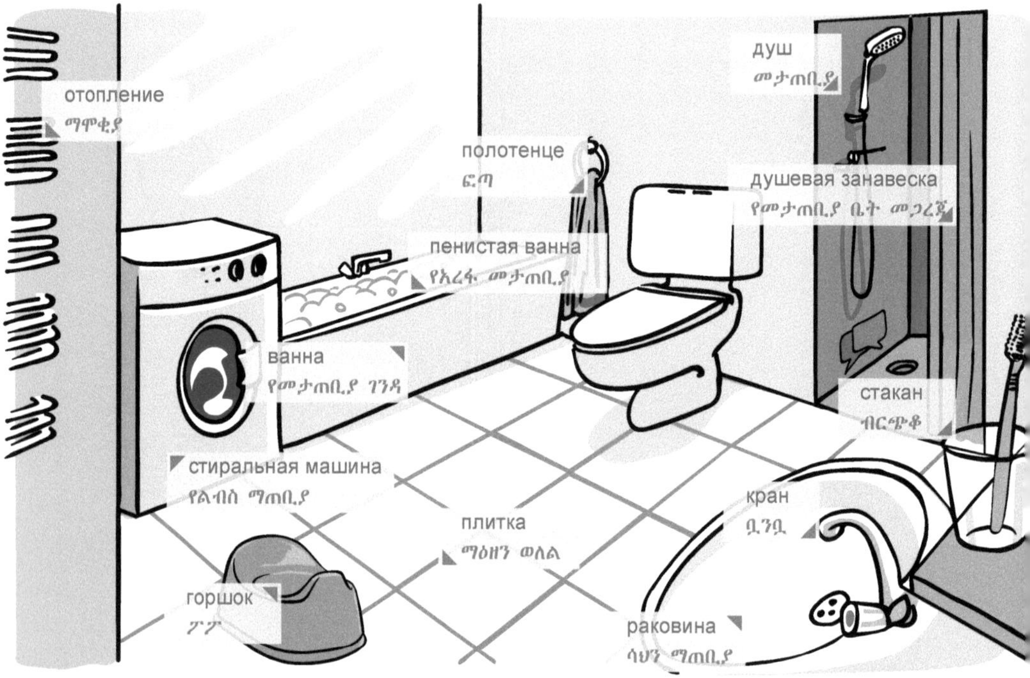

зубная щетка

የጥርስ ብሩሽ

зубная паста

የጥርስ ሳሙና

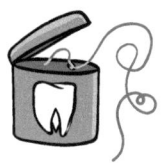

зубная нить

የጥርስ ማፅጃ ክር

мыть

መታጠብ

ручной душ

የእጅ መታጠቢያ

интимный душ

መታጠቢያ

таз

ጎድንጻ ሳህን

щетка для спины

የጀርባ ብሩሽ

мыло

ሳሙና

гель для душа

የመታጠቢያ የሚዝለገለግ ሳሙና

шампунь

የፀጉር መታጠቢያ ሳሙና

мочалка

ለስላሳ ጨርቅ

сток

ፍሳሽ

крем

ክሬም

дезодорант

ጠረን መቀየሪያ ንጥረ ነገር

зеркало

መስታወት

ручное зеркало

የእጅ መስታወት

бритва

ምላጭ

пена для бритья

የመላጫ አረፋ

лосьон после бритья

ከመላጨት በኋላ የሚቀባ ሽቱ

расческа

ማበጠሪያ

щетка

ብሩሽ

фен

የፀጉር ማድረቂያ

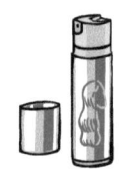

лак для волос

በፀጉር ላይ የሚነፋ

косметика

የፊት መቀባቢያ

губная помада

የከንፈር ቀለም

лак для ногтей

የጥፍር ቀለም

вата

የጥጥ ሱፍ

маникюрные ножницы

ጥፍር መቁረጫ

духи

ሽቶ

косметичка

ማጠቢያ ባልዲ

табуретка

መቀመጫ

весы

ሚዛን

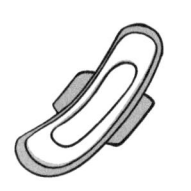

халат

የመታጠቢያ ልብስ

резиновые перчатки

የላስቲክ ጓንት

тампон

ሞዴስ

гигиеническая прокладка

የዕዳት ፎጣ

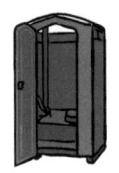

биотуалет

የሽንት ቤት ኬሚካል

детская комната
የልጅ ክፍል

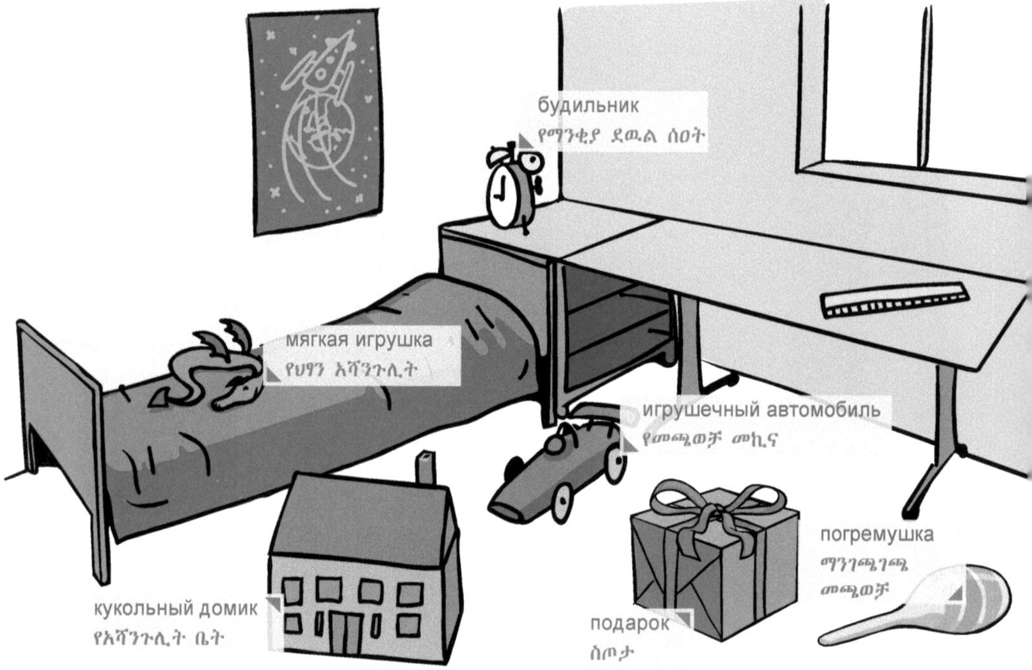
будильник
የማንቂያ ደዉል ሰዐት
мягкая игрушка
የህፃን አሻንጉሊት
игрушечный автомобиль
የመጫወቻ መኪና
погремушка
ማንገጫገጫ
መጫወቻ
кукольный домик
የአሻንጉሊት ቤት
подарок
ስጦታ

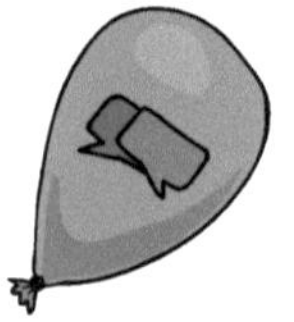

воздушный шар

ፊኛ

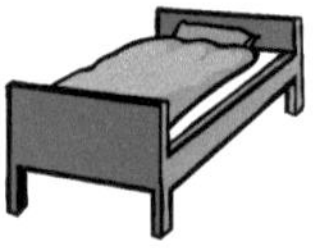

кровать

አልጋ

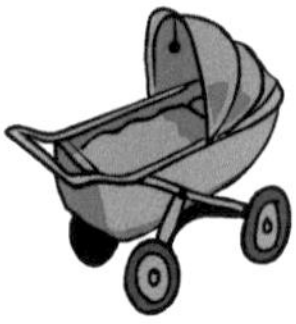

детская коляска

የህፃን ማንሸራሸሪያ ጋሪ

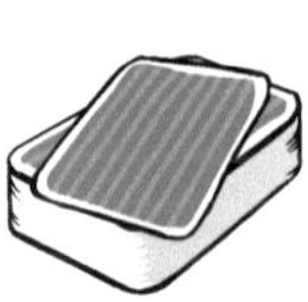

карточная игра

የካርታ መጫወቻ

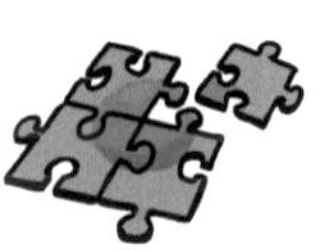

пазл

ቁርጥራጭ ምስሎችን የማገጣጠም
እና ምስል የማግኘት ጨዋታ

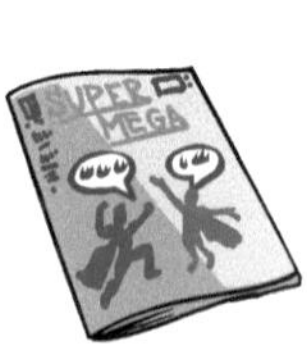
SUPER
MEGA

комикс

አዝናኝ

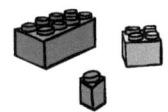

кирпичики Лего

ተገጣጣሚ መጫወቻ

кубики

የመጫወቻ መገጣጠሚያዎች

игрушечная фигурка

የድርጊት ምስል

ползунки

የህፃን እድገት

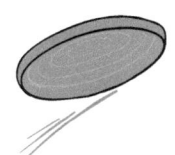

фрисби

የፕላስቲክ መጫወቻ ዝርግ ሰህን

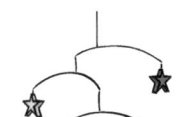

мобиле

ተወዛዋዥ የህፃን ማጫወቻ

настольная игра

የሰሌዳ ጨዋታ

кубик

የመጫወቻ ጠጠር

модель железной дороги

የመጫወቻ ባቡር

соска

የእንጀራ እናት ጡጦ

вечеринка

ድግስ

книга с картинками

የስዕል መፅሀፍ

мяч

ኳስ

кукла

አሻንጉሊት

играть

መጫወት

песочница

የአሸዋ መጫወቻ

качели

ችዋችዋ

игрушка

መጫወቻዎች

игровая приставка

የቪዲዮ መጫወቻ

трёхколесный велосипед

ባለ ሶስት ጎማ ብስክሌት

плюшевый медвежонок

የአሻንጉሊት ድብ

шкаф для одежды

ቁምሳጥን

одежда

አልባሳት

носки

ካልሲዎች

чулки

ስቶኪንጎች

колготки

ታይት

шарф
የአንገት ልብስ

зонтик
ጥንጥላ

футболка
ከናቴራ

ремень
ቀበቶ

сапоги
ቡቲ

тапки
የቤት ዉስጥ ነጠላ
ጫማ

кроссовки
ስኒከሮች

сандалии
....
ነጠላ ጫማዎች

ботинки
....
ጫማዎች

резиновые сапоги
....
የዝናብ ቡትስ

трусы
....
ሙታንታ

бюстгальтер
....
ጡት መያዣ

майка
....
ስደርያ

одежда - አልባሳት   45

боди

ሰዉነት

брюки

ሱሪዎች

джинсы

ጅንስ

юбка

ጉርድ ቀሚስ

блузка

ሽሚዝ

рубашка

ሽሚዝ

свитер

የሚጠለቅ ሹራብ

свитер

ሹራብ

спортивная куртка

ዩኒፎርም ጃኬት

жакет

ጃኬት

пальто

ኮት

плащ

የዝናብ ኮት

костюм

ልብስ

платье

ቀሚስ

свадебное платье

የሙሽራ ቀሚስ

мужской костюм

ሱፍ

ночная сорочка

የለሊት ልብስ

пижама

የለሊት ልብስ

сари

ረጅም ቀሚስ

платок

ሂጃብ

тюрбан

ጥምጣም

паранджа

ቡርቃ

кафтан

ሸርጥ

абайя

አባያ

купальник

የዋና ልብስ

плавки

አጭር ቁምጣ

шорты

ቁምጣዎች

спортивный костюм

የስራ ቁታ

фартук

ሸርጥ

перчатки

ንንት

пуговица

ቁልፍ

очки

መነፅር

браслет

አምባር

цепочка

የአንገት ሀብል

кольцо

ቀለበት

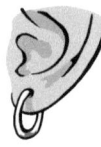

серьга

የጆር ጌጥ

шапка

ኮፍያ

вешалка

የኮት መስቀያ

шляпа

ኮፍያ

галстук

ከረባት

застежка молния

ዚፕ

шлем

የብረት ቆብ

подтяжки

መደገፊያ

школьная форма

የትምህርት ቤት የደንብ ልብስ

форма

የደንብ ልብስ

детский нагрудник

....

መሃረብ

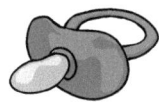

соска

የእንጀራ እናት ጡጦ

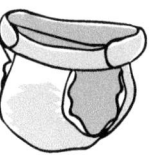

подгузник

....

ሽንት ጨርቅ

офис

ቢሮ

сервер
ማስራጫ ጣቢያ

канцелярский шкаф
የፋይል መደርደሪያ ካቢኔ

принтер
የህትመት መሳሪያ

монитор
መቆጣጠሪያ

бумага
ወረቀት

мышь
ማዉዝ

письменный стол
መፃፊያ ጠረጴዛ

папка
ማህደር

клавиатура
የመፃፊ ቁልፎች

корзина для бумаг
የቆሻሻ ወረቀት መጣያ
ቅርጫት

компьютер
ኮምፒዉተር

стул
ወንበር

кофейная кружка

....

የቡና መጠጫ ትልቅ ኩባያ

калькулятор

....

ማስሊያ ማሽን

интернет

....

ኢንተርኔት

ноутбук

ላፕቶፕ

письмо

ደብዳቤ

сообщение

መልዕክት

мобильный телефон

ተንቀሳቃሽ ስልክ

сеть

የግንኙነት አዉታር

ксерокс

ማባዣ ማሽን

программа

ሶፍትዌር

телефон

ስልክ

розетка

የግድግዳ ሶኬት

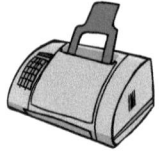

факс

የፋክስ ማሽን

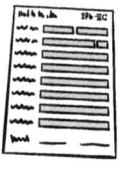

формуляр

ቅፅ

документ

ሰነድ

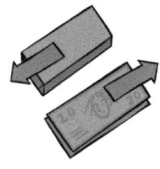

покупать

መግዛት

платить

መክፈል

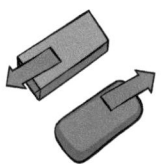

торговать

መነገድ

деньги

ገንዘብ

доллар

ዶላር

евро

ዩሮ

иена

የን

рубль

ሩብል

франк

የስዊዝ ፍራንክ

жэньминьби юань

ሬንሚንቢ ዩዋን

рупия

ሩጲ

банкомат

የገንዘብ ነጥብ

пункт обмена валюты

የዉጭ ገንዘብ ምንዛሪ ቢሮ

золото

ወርቅ

серебро

ብር

нефть

ዘይት

энергия

ሀይል፣ ጉልበት

цена

ዋጋ

договор

ግንኙነት

налог

ቀረጥ

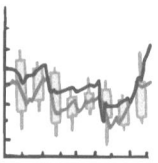

акция

አክስዮን

работать

መስራት

служащий

ተቀጣሪ

работодатель

ቀጣሪ

фабрика

ፋብሪካ

магазин

ሱቅ

профессии

ስራ ሙያዎች

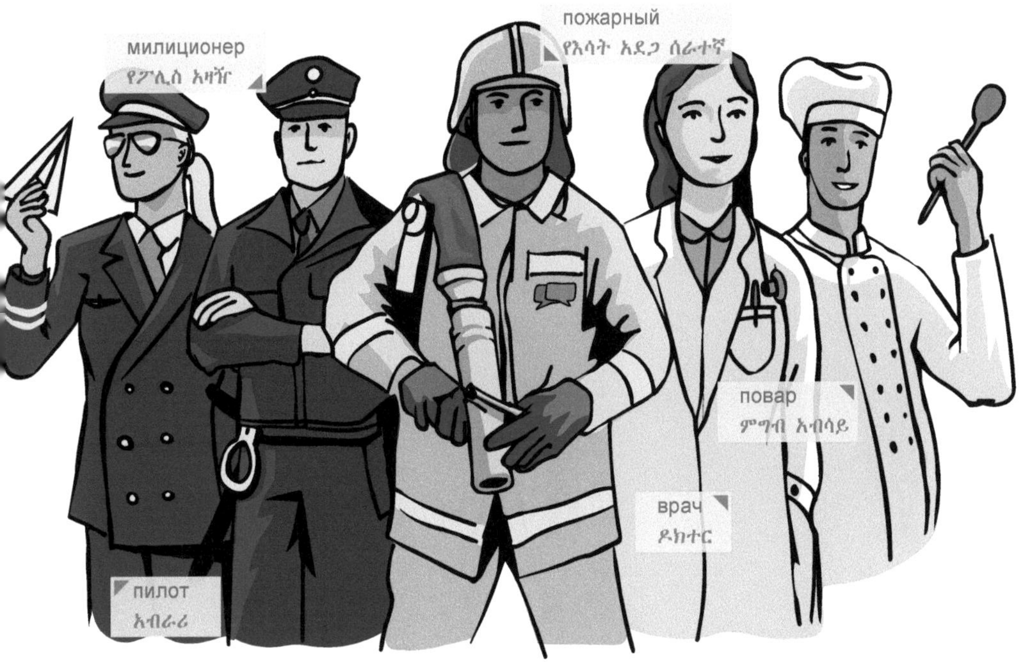

милиционер
የፖሊስ አዛዥ
пожарный
የእሳት አደጋ ሰራተኛ
повар
ምግብ አብሳይ
врач
ዶክተር
пилот
አብራሪ

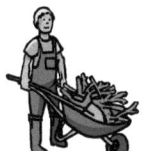

садовник

አትክልተኛ

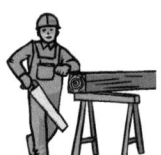

столяр

አናጢ

швея

ልብስ ሰፊ ሴት

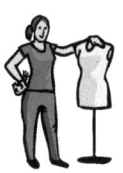

судья

ዳኛ

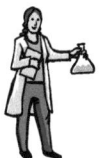

химик

ቀማሚ

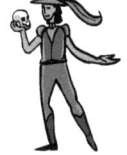

актёр

ተዋናይ

водитель автобуса

የአዉቶቢስ ሹፌር

таксист

የታክሲ ሹፌር

рыбак

አሳ አጥማጅ

уборщица

ፅዳት ሰራተኛ

кровельщик

የጣራ ሰራተኛ

официант

አስተናጋጅ

охотник

አዳኝ

художник

ሰዓሊ

пекарь

ጋጋሪ

электрик

የኤሌትሪክ ሰራተኛ

строитель

ገምቢ

инженер

መሃሃዲስ

мясник

ልኳንዳ

сантехник

የዉኃዉ ሰራተኛ

почтальон

የፖስታ ሰራተኛ

солдат

ወታደር

архитектор

መሃንዲስ

кассир

የሒሳብ ሰራተኛ

флорист

አበባ ሻጭ

парикмахер

የፀጉር ሰራተኛ

кондуктор

ቲኬት ቆራጭ

механик

መካኒክ

капитан

ካፕቴን

зубной врач

የጥርስ ሐኪም

ученый

ተመራማሪ

раввин

መምህር

имам

የሙስሊም ሃይማኖታዊ መሪ

монах

መነኩሴ

священник

ካህን

инструменты

መሳሪያዎች

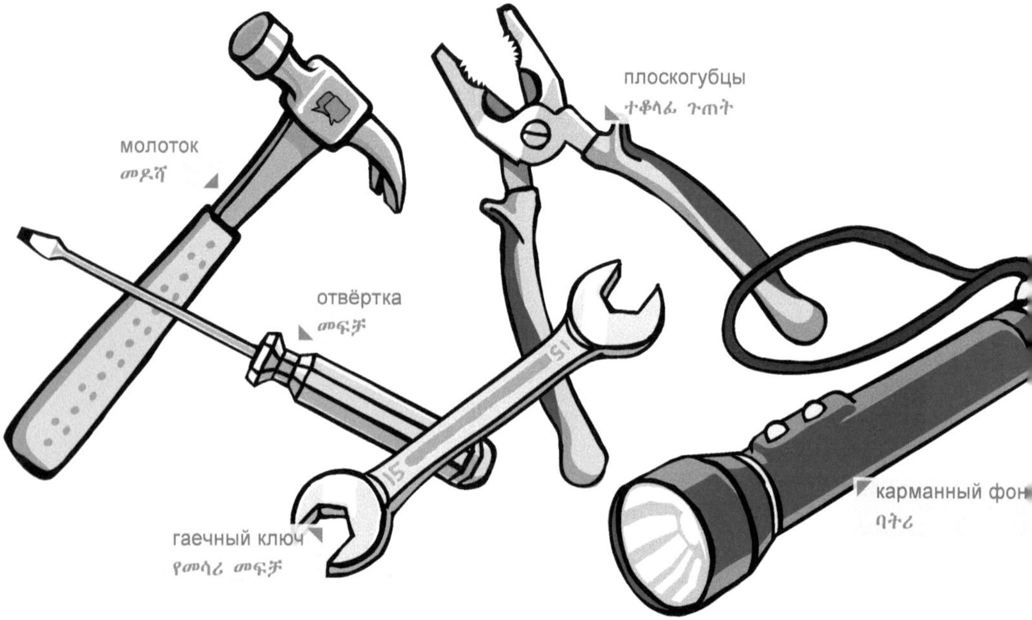
молоток
መዶሻ
плоскогубцы
ተቆላፊ ጉጠት
отвёртка
መፍቻ
гаечный ключ
የመሳሪ መፍቻ
карманный фон
ባትሪ

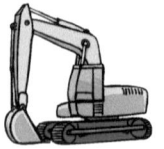

экскаватор

በቁፋሮ የሚዝቅ

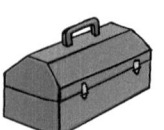

ящик для инструментов

የመፍቻ ሳጥን

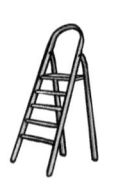

стремянка

መሰላል

пила

መጋዝ

гвозди

ምስማር

дрель

መሰርሰሪያ

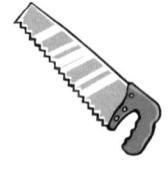

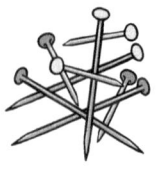

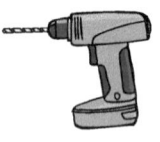

ремонтировать

መጠገን

лопата

አካፋ

Блин!

የተረገመ!

совок

ቆሻሻ ማፈሻ

ведро с краской

የቀለም ቆርቆር

винты

ብሎን

музыкальные инструменты

የሙዚቃ መሳሪያዎች

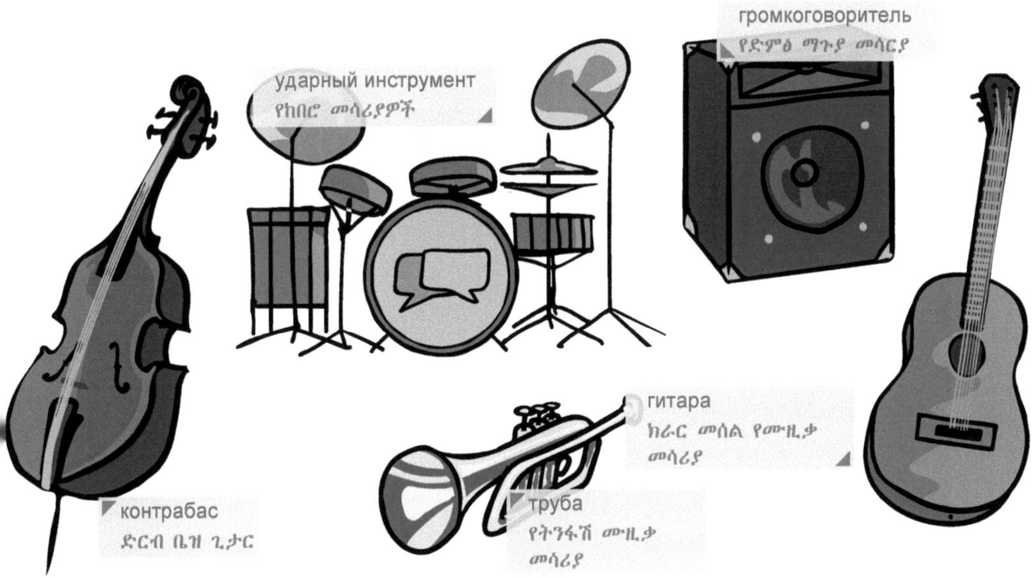

громкоговоритель
የድምፅ ማጉያ መሳሪያ

ударный инструмент
የከበሮ መሳሪያዎች

гитара
ክራር መሰል የሙዚቃ
መሳሪያ

контрабас
ድርብ ቤዝ ጊታር

труба
የትንፋሽ ሙዚቃ
መሳሪያ

пианино

ፒያኖ

скрипка

ቫዮሊን

бас-гитара

ወፍራም፣ ጎርናና ድምፅ ያለዉ
ክራር መሰል ሙዚቃ መሳሪያ

литавры

ነጋሪት

барабан

ከበሮ

синтезатор

በኤሌክትሪክ የሚሰራ ፒኖ

саксофон

የትንፋሽ ሙዚቃ መሳሪያ

флейта

ዋሽንት

микрофон

የድምፅ ማጉያ

зоопарк

የደር እንስሳት ማቆያ

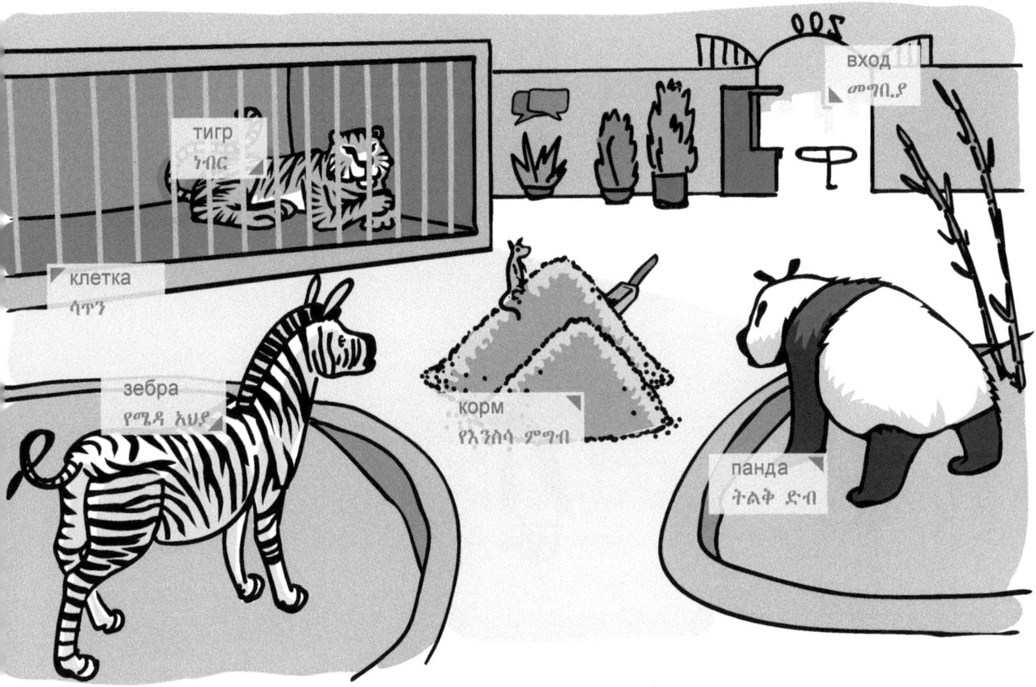
вход
መግቢያ
тигр
ነብር
клетка
ሳጥን
зебра
የሜዳ አህያ
корм
የእንስሳ ምግብ
панда
ትልቅ ድብ

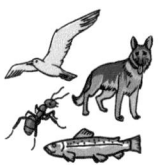

животные

እንስሳቶች

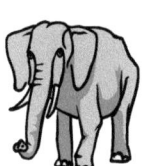

слон

ዝሆን

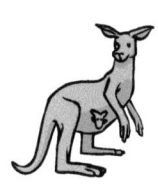

кенгуру

ካንጋሮ

носорог

አውራሪስ

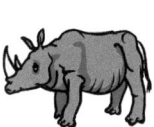

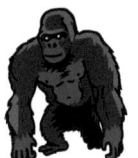

горилла

ትልቅ ዝንጀሮ

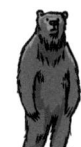

медведь

ድብ

верблюд

ግመል

страус

ሰጎን

лев

አንበሳ

обезьяна

ጦጣ

фламинго

ቅልጥም ረዥም ወፍ

попугай

በቀቀን

белый медведь

የወዋልታ ድብ

пингвин

የዋልታ ወፎች

акула

ረጅም ጥርሶች ያሉትአሳ ነባሪ

павлин

ጣዎስ

змея

እባብ

крокодил

አዞ

служитель зоопарка

የዱር አራዊት የሚጠበቁበት
ማቆያን የሚጠብቅ

тюлень

አሳ በሊታ የባህር እንስሳ

ягуар

የዱር ድመት

пони

ድንክ ፈረስ

леопард

ነብር

бегемот

ጉማሬ

жираф

ቀጭኔ

орёл

ንስር

кабан

ከርከሮ

рыба

አሳ

черепаха

የባህር ኤሊ

морж

የባህር አጣሬ

лиса

ቀበሮ

газель

የሜዳ ፍየል ፤ ሚዳቋ

американский футбол
የአሜሪካ እግርኳስ

езда на велосипеде
የብስክሌት ስፖርት

теннис
ቴኒስ

баскетбол
የቅርጫት ኳስ

плавание
ዋና

бокс
የቡጢ ስፖርት

хоккей
በበረዶ ላይ የገና ጨዋታ

футбол

እግር ኳስ

бадминтон

የላባ ኳስ ጨዋታ

лёгкая атлетика

አትሌቲክስ

гандбол

የእጅ ኳስ ስፖርት

лыжный спорт

የበረዶ መንሸራተት ስፖርት

поло

ፈረስ ግልቢያ

действия

እንቅስቃሴዎች

прыгать
መዝለል
обнимать
ማቀፍ
смеяться
መሳቅ
идти
መራመድ
петь
መዘመር
мечтать
ህልም ማለም
молиться
መፀለይ
целовать
መሳም

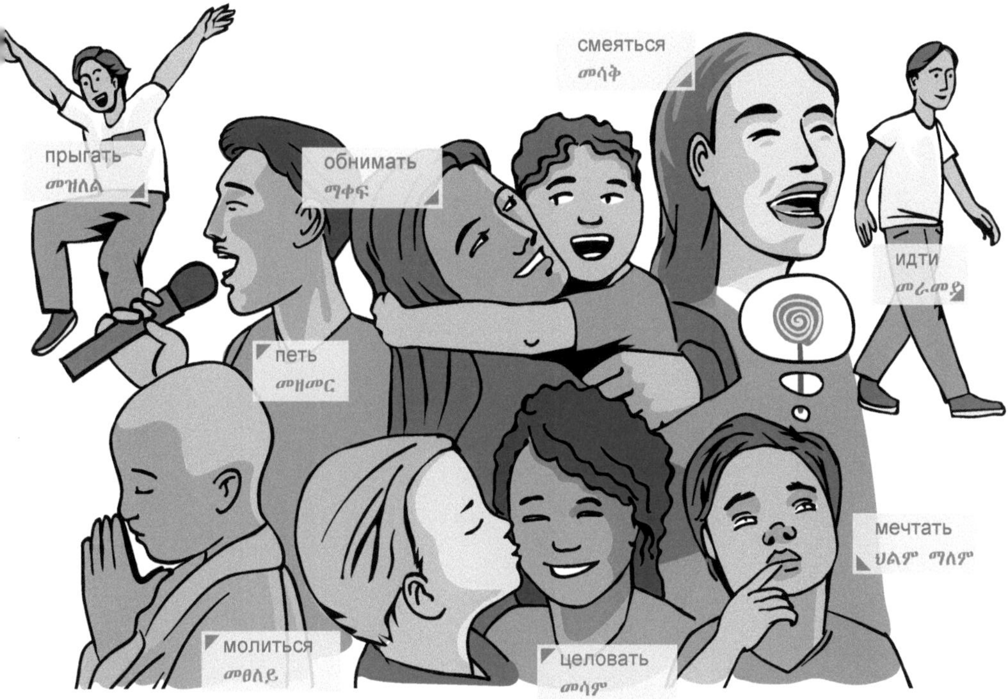

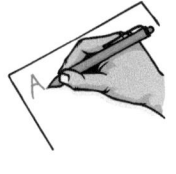

писать

መፃፍ

рисовать

መሳል

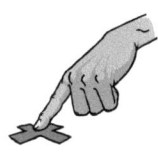

показывать

ማሳየት

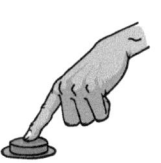

нажимать

መግፋት

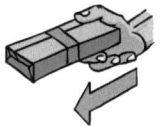

давать

መስጠት

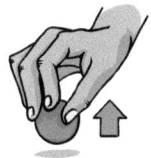

брать

መዉሰድ

иметь

ማየዝ

делать

ማድረግ

быть

መሆን

стоять

መቆም

бежать

መሮጥ

тянуть

መሳብ

бросать

መወርወር

падать

መዉደቅ

лежать

መዋሸት

ждать

መጠበቅ

носить

መሸከም

сидеть

መቀመጥ

надевать

መልበስ

спать

መተኛት

просыпаться

መንቃት

рассматривать

መመልከት

плакать

ማለቀስ

гладить

መጫር

причесывать

ማበጠር

говорить

ማዉራት

понимать

መረዳት

спрашивать

ጥያቄ

слушать

ማዳመጥ

пить

መጠጣት

кушать

መብላት

наводить порядок

ማንጋት

любить

ማፍቀር

готовить

ምግብ ማብሰል

ехать

መንዳት

летать

መብረር

ходить под парусом

መርከብ መንዳት

считать

ቁጥሮችን ማስላት

читать

ማንበብ

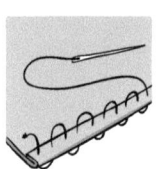

учиться

መማር

работать

መስራት

вступать в брак

ማግባት

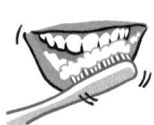

шить

መስፋት

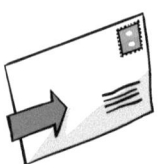

чистить зубы

ጥርስ መቦረሽ

убивать

መግደል

курить

ማጨስ

отправлять

መላክ

бабушка
የሴት አያት

дедушка
የወንድ አያት

папа
አባት

мама
እናት

младенец
ህፃን

дочь
ሴት ልጅ

сын
ወንድ ልጅ

гость

እንግዳ

тетя

አክስት

дядя

አጎት

брат

ወንድም

сестра

እህት

тело

ካል

лоб
ግንባር
глаз
አይን
плечо
ትከሻ
палец
ት
лицо
ፊት
подбородок
አገጭ
кисть
እጅ
грудь
ጡት
нога
እግር
рука
ክንድ

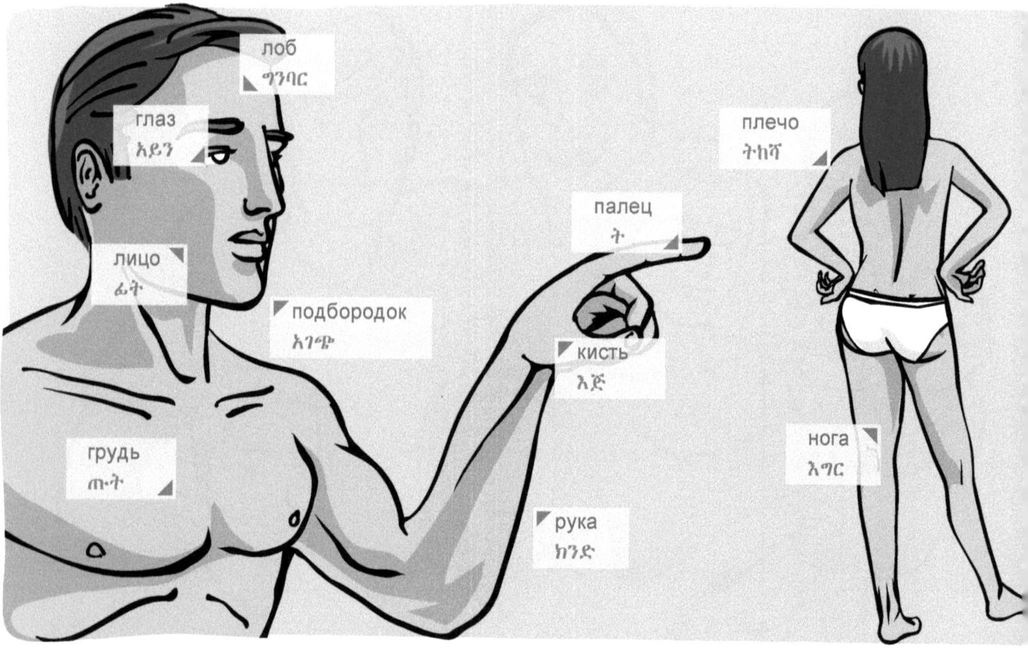

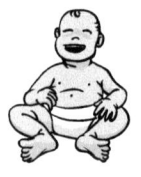

младенец

ህፃን

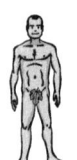

мужчина

ሰዉ

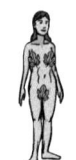

женщина

ሴት

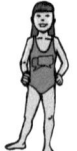

девочка

ልጃገረድ

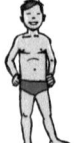

мальчик

ወንድ ልጅ

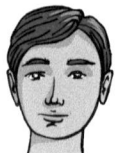

голова

ራስ

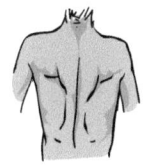

спина

ጀርባ

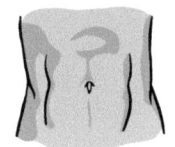

живот

ሆድ

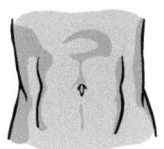

пупок

እምብርት

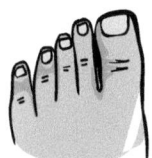

палец ноги

የእግር ጣት

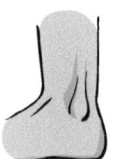

пятка

ተረከዝ

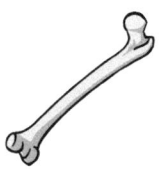

кость

አጥንት

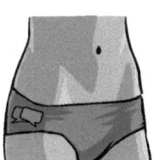

бедро

ዳሌ

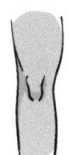

колено

ጉልበት

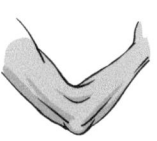

локоть

ክርን

нос

አፍንጫ

ягодицы

ቂጥ

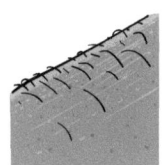

кожа

ቆዳ

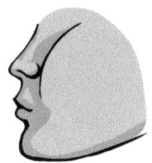

щека

ጉንጭ

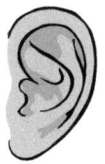

ухо

ጆሮ

губа

ከንፈር

рот

አፍ

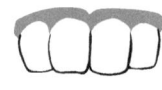

зуб

ጥርስ

язык

ምላስ

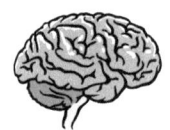

мозг

አንጎል

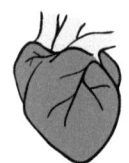

сердце

ልብ

мышца

ጡንቻ

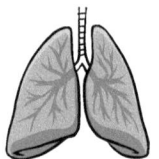

лёгкое

ሳምባ

печень

ጉበት

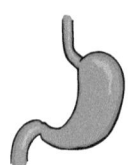

желудок

ሆድ

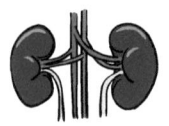

почки

ኩላሊቶች

половой акт

የግብረ ስጋ ግንኙነት

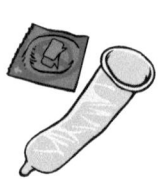

презерватив

ኮንዶም

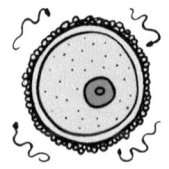

яйцеклетка

የሴት እንቁላል

сперма

የወር ፈሳሽ

беременность

እርግዝና

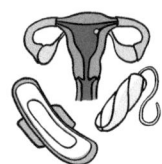

менструация

የወር አበባ

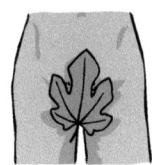

вагина

እምስ

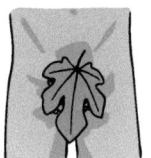

пенис

ቁላ

бровь

ቅንድብ

волосы

ፀጉር

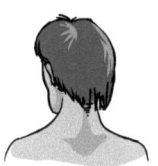

шея

አንገት

больница

ሆስፒታል

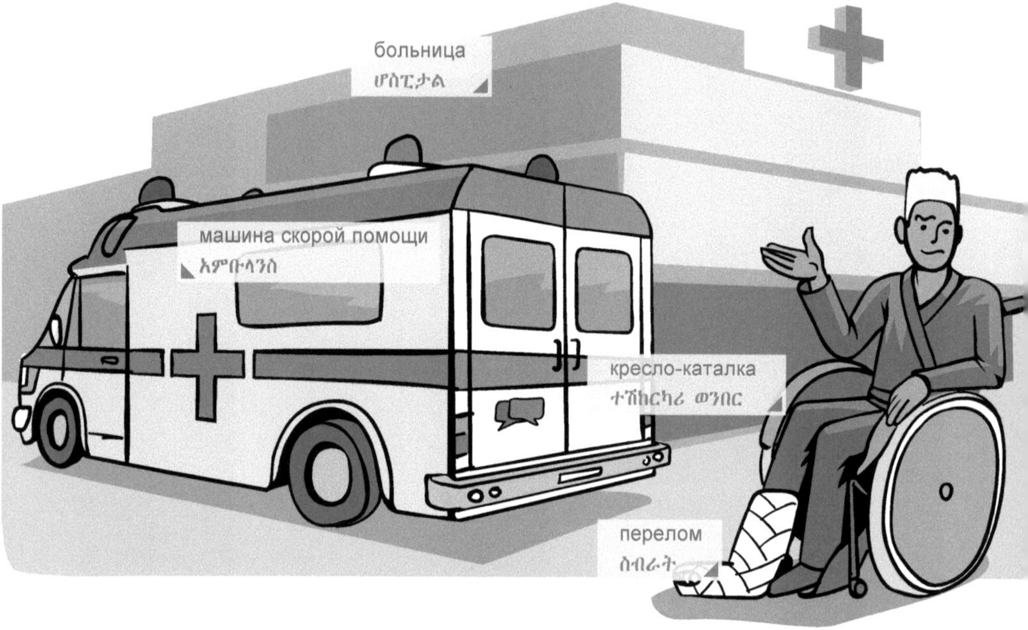

больница
ሆስፒታል
машина скорой помощи
አምቡላንስ
кресло-каталка
ተሽከርካሪ ወንበር
перелом
ስብራት

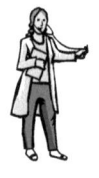

врач

ዶክተር

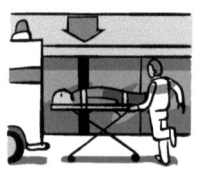

пункт первой помощи

ድንገተኛ ክፍል

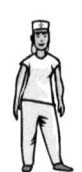

медсестра

ነርስ

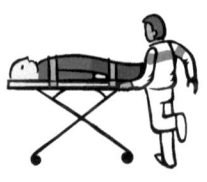

неотложный случай

ድንገተኛ

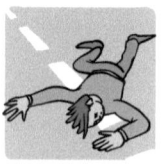

без сознания

ራስን መሳት/ አለማወቅ

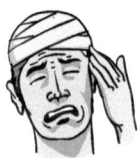

боль

ህመም

повреждение

ጉዳት

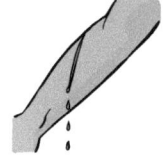

кровотечение

መድማት

инфаркт

የልብ ድካም

инсульт

ስትሮክ

аллергия

አለርጂ

кашель

ሳል

повышенная температура

ትኩሳት

грипп

ኢንፍሉዌንዛ

понос

ተቅማጥ

головная боль

የራስ ምታት

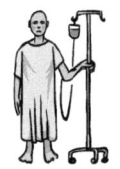

рак

ካንሰር

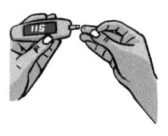

диабет

የስኳር በሽታ

хирург

ቀዶ ጠጋኝ ሐኪም

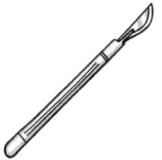

скальпель

የቀዶ ጥገና ስለት

операция

ቀዶ ጥገና

больница - ሆስፒታል

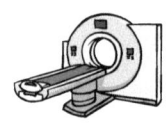

КТ

ሲ.ቲ

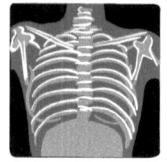

рентген

ኤክስሬይ

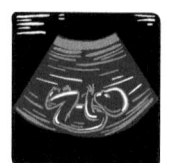

ультразвук

አልትራሳዉንድ

маска

የፊት ጭምብል

болезнь

በሽታ

приёмная

መጠበቂያ ክፍል

костыль

ምርኩዝ

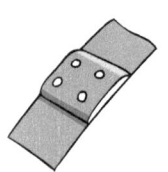

пластырь

የቁስል ማሽጊያ

бинт

ፋሻ

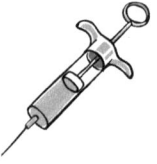

укол

መርፌ

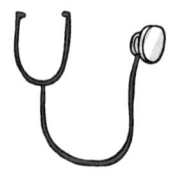

стетоскоп

የልብ ምት ማዳመጫ መሳሪያ

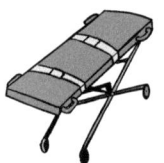

носилки

የበሽተኛ አልጋ

термометр

የህክምና ሙቀት መለኪያ መሳሪያ

рождение

መውለድ

избыточный вес

ከልክ ያለፈ ክብደት

слуховой аппарат

ለመስማት የሚረዳ መሳሪያ

дезинфекционное средство

ፀረ ተባይ መድሃኒት

инфекция

ማመርቀዝ

вирус

ቫይረስ

ВИЧ / СПИД

ኤች አይ ቪ. ኤድስ

лекарство

ህክምና

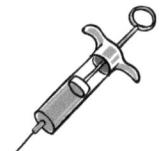

прививка

ክትባት

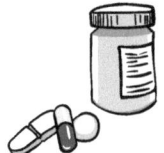

таблетки

ኪኒን

противозачаточная таблетка

ኪኒን

экстренный вызов

አስቸኳይ የስልክ ጥሪ

прибор для измерения кровяного давления

ደም ግፊት መቆጣጠሪያ

больной / здоровый

ህመም/ ጤንነት

сигнал тревоги

ማንቂያ ደወል

нападение

ጥቃት

Помогите!

እርዱታ!

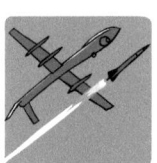

атака

ድብደባ

опасность

አደጋ

запасной выход

የድንገተኛ መውጫ

Пожар!

እሳት!

огнетушитель

እሳት ማጥፊያ

несчастный случай

አደጋ

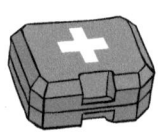

аптечка

የመጀመሪያ እርዳታ መድሃኒት መያዣ

SOS

ነፍስ አድን

милиция

ፖሊስ

Европа

ኣዉሮፓ

Северная Америка

ሰሜን አሜሪካ

Южная Америка

ደቡብ አሜሪካ

Африка

አፍሪካ

Азия

እስያ

Австралия

አዉስትራሊያ

Атлантический океан

አትላንቲክ

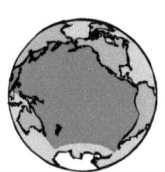

Тихий океан

ፓስፊክ

Индийский океан

የህንድ ዉቅያኖስ

Антарктический океан

አንታርክቲክ ዉቅያኖስ

Северный Ледовитый
океан

አርክቲክ ዉቅያኖስ

Северный полюс

ሰሜን ዋልታ

Южный полюс

ደቡብ ዋልታ

Антарктика

አንታርክቲካ

земля

ምድር

суша

መሬት

море

ባህር

остров

ደሴት

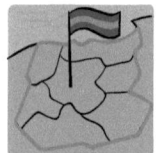

нация

አገርና ህዝብ

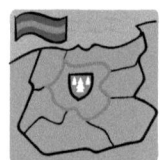

государство

መንግስት

циферблат

የሰዓት ገፅታ

часовая стрелка

ሰዓት

минутная стрелка

ደቂቃ

секундная стрелка

ሴኮንድ

Который час?

ስንት ሰዓት ነው?

день

ቀን

время

ጊዜ

сейчас

አሁን

электронные часы

የቁጥር ሰዓት

минута

ደቂቃ

час

ሰዓታት

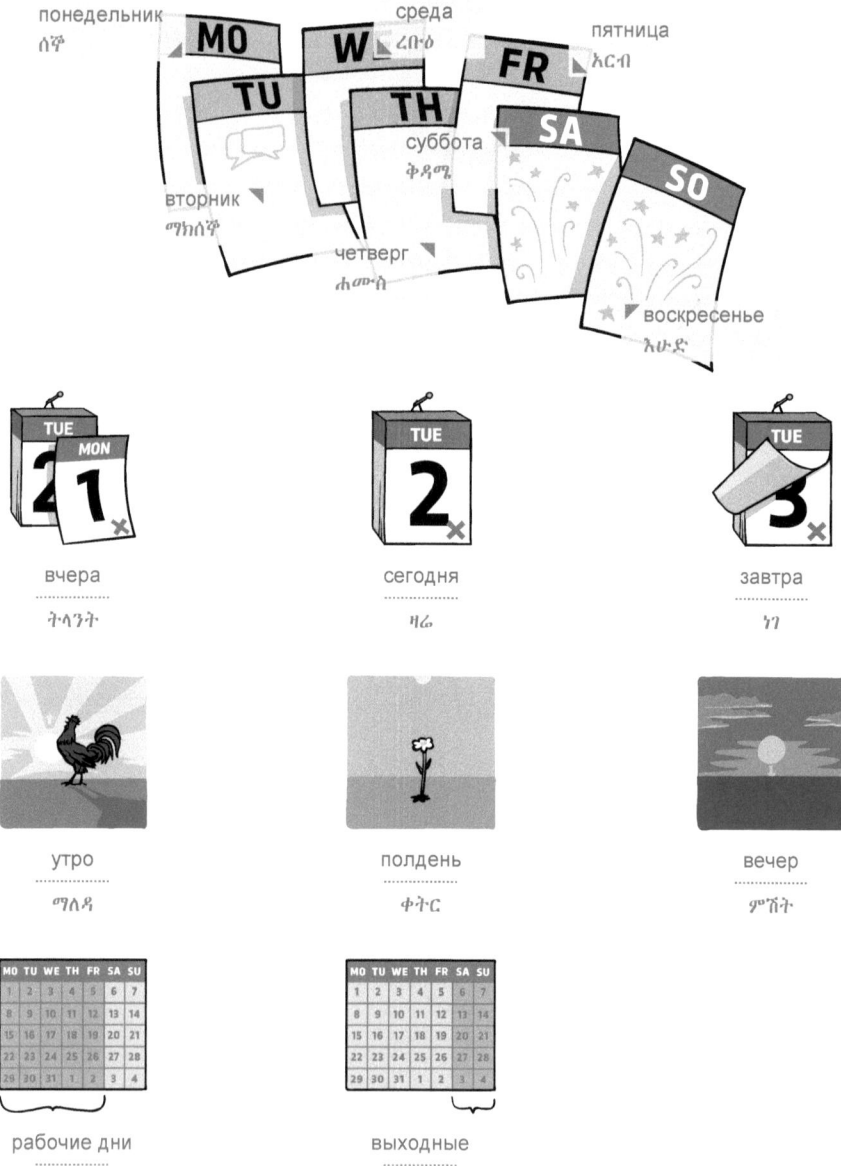

понедельник
ሰኞ

среда
ረቡዕ

пятница
ዓርብ

вторник
ማክሰኞ

суббота
ቅዳሜ

четверг
ሐሙስ

воскресенье
እሁድ

вчера
ትላንት

сегодня
ዛሬ

завтра
ነገ

утро
ማለዳ

полдень
ቀትር

вечер
ምሽት

рабочие дни
የስራ ቀናት

выходные
የዕረፍት ቀናት

ГОД

ዓመት

дождь
ዝናብ
радуга
ቀስተ ዳመና
снег
ጥጥ የሚመስል አመዳይ
በረዶ
весна
ፀደይ
лето
በጋ
осень
መኸር
зима
ክረምት

4.APRIL 11°
5.APRIL 4°
6.APRIL 13°
7.APRIL 8°
8.APRIL 10°

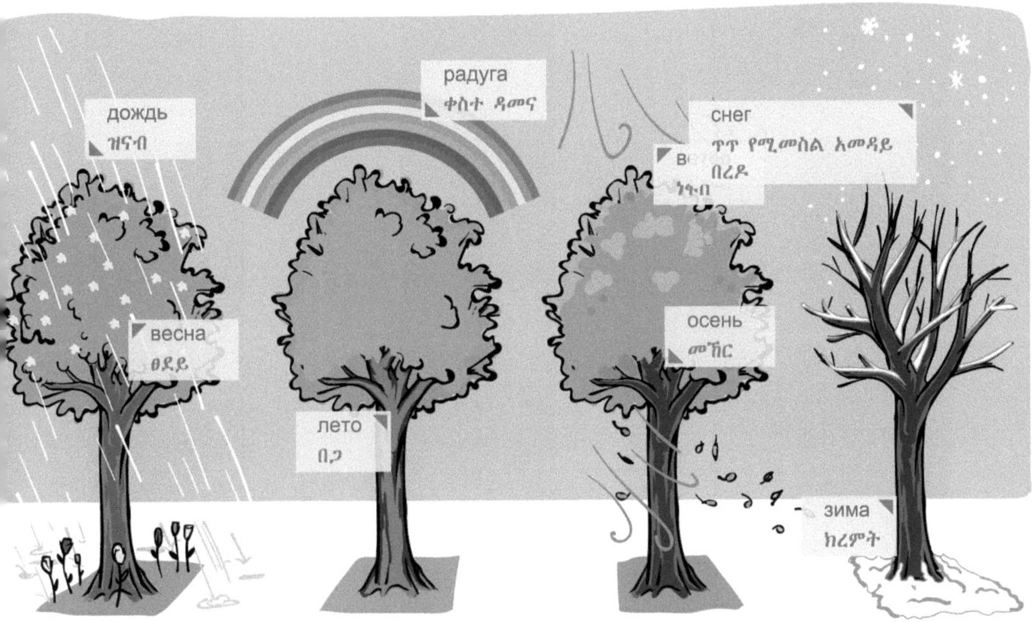

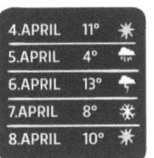

прогноз погоды

....

የአየር ሁኔታ ትንበያ

F C
120 40
90 30
60 20
30 10
0 0
-30 -10
-20

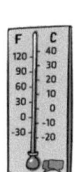

термометр

....

የሙቀት መለኪያ

солнечный свет

....

የፀሀይ ሙቀት

туча

....

ደመና

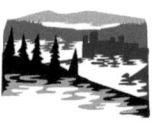

туман

....

ጭጋግ

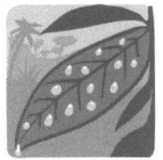

влажность воздуха

....

እርጥበታማነት

молния

መብረቅ

гром

ነጎድጓድ

буря

አዉሎ ንፋስ

град

የበረዶ ዝናብ

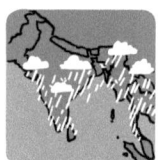

муссон

አዉሎ ንፋስ

наводнение

ጎርፍ

лёд

በረዶ

январь

ጥር

февраль

የካቲት

март

መጋቢት

апрель

ሚያዚያ

май

ግንቦት

июнь

ሰኔ

июль

ሐምሌ

август

ነሀሴ

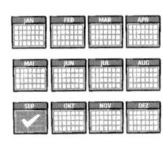

сентябрь
....
መስከረም

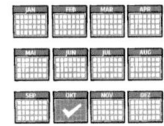

октябрь
....
ጥቅምት

ноябрь
....
ህዳር

декабрь
....
ታህሳስ

формы
ቅርፆች

круг
....
ክብ

квадрат
....
አራት ማዕዘን

прямоугольник
....
አራት ጥተኛ ማዕዘኖች ጎኖች
ያሉት ቅርፅ

треугольник
....
ሶስት ማዕዘን

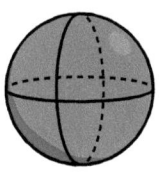

шар
....
ሉል

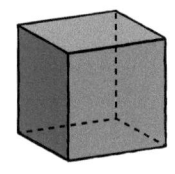

куб
....
ስድስት ጎን ያለዉ ቅርፅ

белый

ነጭ

желтый

ቢጫ

оранжевый

ብርቱካናማ

розовый

ሮዝ

красный

ቀይ

лиловый

ወይን ጠጅ

синий

ሰማያዊ

зелёный

አረንጓዴ

коричневый

ቡኒ

серый

ግራጫ

черный

ጥቁር

много / мало

ብዙ/ ጥቂት

яростный / мирный

ንዴት/ እርጋታ

красивый / уродливый

ቆንጆ/ አስቀያሚ

начало / конец

ጅማሪ/ ፍፃሜ

большой / маленький

ትልቅ/ ትንሽ

светлый / темный

ደማቅ/ ደብዛዛ

брат / сестра

ወንድም/ እህት

чистый / грязный

ንፁህ/ ቆሻሻ

полный / неполный

የተሟላ/ ያልተሟላ

день / ночь

ቀን/ ምሽት

мёртвый / живой

የሞተ/ ህያው

широкий / узкий

ሰፊ/ ጠባብ

съедобный / несъедобный

የሚበላ/ የማይበላ

злой / дружелюбный

ክፉ/ ደግ

взволнованный / скучающий

ደስተኛ/ ድብርተኛ

толстый / худой

ወፍራም/ ቀጭን

сначала / в конце

መጀመርያ/ መጨረሻ

друг / враг

ጓደኛ/ ጠላት

полный / пустой

ሙሉ/ ጎዶሎ

твёрдый / мягкий

ጠንካራ/ ለስላሳ

тяжёлый / легкий

ከባድ/ ቀላል

голод / жажда

ረሃብ/ ጥማት

больной / здоровый

ህመም/ ጤንነት

незаконный / законный

ህገወጥ/ ህጋዊ

умный / глупый

ጎበዝ/ ደደብ

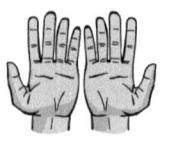

слева / справа

ግራ/ ቀኝ

близко / далеко

ቅርብ/ ሩቅ

новый / подержанный
....
አዲስ/ አሮጌ

ничто / нечто
....
ምንም/ የሆነ ነገር

старый / молодой
....
ሽማግሌ/ ወጣት

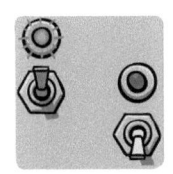

включено / выключено
....
የበራ/ የጠፋ

открыто / закрыто
....
ክፍት/ ዝግ

тихо / громко
....
ፀጥታ/ ጫጫታ

богатый / бедный
....
ሃብታም/ ደሃ

правильный /
неправильный
ትክክለኛ/ የተሳሳተ

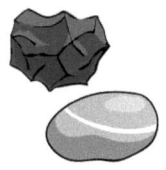

шероховатый / гладкий
....
ሻካራ/ ለስላሳ

печальный / счастливый
....
ሐዘን/ ደስታ

короткий / длинный
....
አጭር/ ረዥም

медленный / быстрый
....
ዝግተኛ/ ፈጣን

мокрый / сухой
....
እርጥብ/ ደረቅ

тёплый / прохладный
....
ሞቃት/ ቀዝቃዛ

война / мир
....
ጦርነት/ ሰላም

0

ноль

ዜሮ

1

один

አንድ

2

два

ሁለት

3

три

ሶስት

4

четыре

አራት

5

пять

አምስት

6

шесть

ስድስት

7

семь

ሰባት

8

восемь

ስምንት

9

девять

ዘጠኝ

10

десять

አስር

11

одиннадцать

አስራ አንድ

12

двенадцать

አስራ ሁለት

13

тринадцать

አስራ ሶስት

14

четырнадцать

አስራ አራት

15

пятнадцать

አስራ አምስት

16

шестнадцать

አስራ ስድስት

17

семнадцать

አስራ ሰባት

18

восемнадцать

አስራ ስስምንት

19

девятнадцать

አስራ ዘጠኝ

20

двадцать

ሃያ

100

сто

መቶ

1.000

тысяча

ሺህ

1.000.000

миллион

ሚሊዮን

английский

እንግሊዝኛ

американский английский

የአሜሪካ እንግሊዝኛ

мандаринский китайский

የቻይና ማንዳሪን

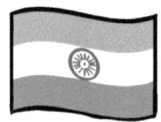

хинди

ሂንዱ

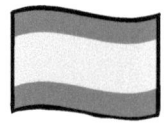

испанский

ስፓኒሽ

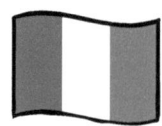

французский

ፈረንች

арабский

አረብኛ

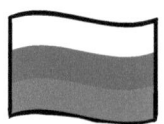

русский

ራሺያኛ

португальский

ፖርቹጊዝ

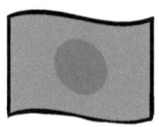

бенгальский

ቤንጋሊ

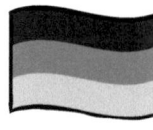

немецкий

ጀርመን

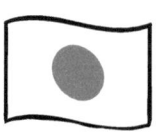

японский

ጃፓንኛ

я

እኔ

ты

አንተ

он / она / оно

እሱ/ እርሷ/ እቃዉ

мы

እኛ

вы

አንተ

они

እነርሱ

кто?

ማን?

что?

ምን?

как?

እንዴት?

где?

የት?

когда?

መቼ?

имя

ስም

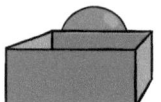

за

በስተጀርባ

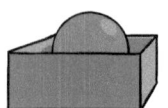

в

ዉስጥ

перед

ከፊት ለፊት

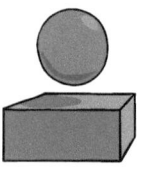

над

ከላይ

на

ላይ

под

ከስር

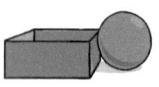

рядом

እጠገብ

между

መሃከል

место

ቦታ